過去から未来に語りかける社会的養護

叶原《かなはら》土筆《つくし》、平井《ひらい》光治《みつはる》の思索と実践に学ぶ

藤原正範
小林英義　著

生活書院

はじめに

藤原正範

私には人生の師として仰ぐ人が二人いる。一人は、岡山県の叶原土筆《かなはらつくし》先生、もう一人は奈良県の平井光治《ひらいみつはる》先生である。叶原先生とは私が二〇歳のときから、平井先生とは四五歳のときから、現在までお付き合いが続いている。私が六四歳になったのだから、お二人はすっかり後期高齢者である。

お二人は、長く児童自立支援施設（かつては教護院）にお勤めになった。この施設は非行の子どもを預かる児童福祉施設である。お二人の勤務した施設は、いずれも非行の子どもと職員夫婦とその子どもが同じ屋根の下で生活する形（小舎夫婦制）であった。

お二人の共通点はほかにもある。児童自立支援施設の職員から施設長になり、退職後も引退しなかったことである。現在も、子どもの幸せのために働き続けている。児童自立支援施設の小舎夫婦制の祖である留岡幸助の言葉「一路白頭に到る」を文字通り実践しているのである。お二人の年齢まで健康でいる自信のない私は、ひたすら頭の下がる思いである。

また、数歳上の先輩にも私が大きく影響を受けた素晴らしい方が何人もいる。その一人が小林英義である。彼との出会いは、二〇〇二年八月四日、甲南大学で開催された「日本司法福祉学会第三回全国大会」会場である。彼は、大会二日目に分科会「児童自立支援施設の現状と課題」を企画していた。実は、小林も叶原先生、平井先生と同様、児童自立支援施設の小舎夫婦制寮の勤務経験者である。その学会開催時、小林は大学教員に転身していた。この施設に興味のあった私はこの分科会に出席し、それがきっかけで小林と意気投合することとなった。

その後、小林から誘われ、児童自立支援施設に関する本の一部を、二度執筆した。小林英義・小木曽宏編『児童自立支援施設の可能性――教護院からのバトンタッチ』（ミネルヴァ書房・二〇〇四年）と小林英義・小木曽宏編『児童自立支援施設これまでとこれから――厳罰化に抗する新たな役割を担うために』（生活書院・二〇〇九年）である。

二〇一四年八月三日、小林は、関西福祉科学大学で開催された「日本司法福祉学会第一二回全国大会」で、「社会的養護における児童養護施設と児童自立支援施設の役割分担――児童福祉施設間の連携を中心に」というテーマの分科会を企画した。準備段階で相談を受けた私は、この分科会の話題提供者として叶原先生と平井先生を推薦した。学会当日、私は、企画協力者としてこの分科会の会場に身を置いた。そこでの両先生の一言、一言は非常に重く、会場内の誰もが圧倒された。会の終了間際に、私は「この二人の言葉を歴史的証言として書き留めておく義務が私たちにはある」と思わず発言した。

小林と私は、その翌年から叶原、平井両先生からの聴き取りを始めた。しかし、それを原稿にする作業はたいへんであり、時間だけがどんどん過ぎて行った。そして、私たちがこの作業を行ってきた時期は、社会的養護改革の進行とぴったり重なることとなった。

二〇一一年七月一一日、厚生労働省は「社会的養護の課題と将来像」（以下、「課題と将来像」という）を発表した。それを受けて二〇一三年度から各都道府県は「家庭的養護推進計画」を策定し、その計画に基づくさまざまな活動が実施されるようになった。

その後、社会的養護はさらに変化を続ける。二〇一六年六月三日、改正児童福祉法が公布された。その改正によって、児童福祉の原理を定める第一条の条文が全面的に書き換えられた。さらに、第二条には新しい項が付け加えられ、社会的養護の原理と言うべき第三条の二が新設された。

その改正を受ける形で、二〇一七年八月二日、厚生労働省は「新しい社会的養育ビジョン」

（以下、「ビジョン」という）を発表した。この内容は、家庭養護を基本とし、代替養護も家庭養護で、やむを得ない場合のみ家庭的な施設養護を行うというものである。「ビジョン」には、「課題と将来像」においてはやや曖昧《あいまい》であった児童自立支援施設の将来像も明確に記されている。

今後、社会的養護を担う施設は大きく変化していかざるを得ない。ただ、都道府県など自治体と社会的養護の現場は、改革が急進的過ぎることへの不安が渦巻く現状である。

児童福祉の根幹をなす法律が変わったという事実は重い。恐る恐るでも、私たちは「ビジョン」の方向への歩みを進めなければならない。しかし率直に言うと、その際、何かが足りない、このままではうまく行かないという思いを抱いてしまう。その理由はおそらく、こういうことだろう。「ビジョン」に示される改革が、日本の今までの社会的養護の歴史から断絶しているように見えるということである。

私たちは、この数年間、叶原先生、平井先生の人生を一生懸命聴き取る作業を続けてきた。お二人の語りは社会的養護の将来に必ず一石を投じる。これが、作業を終えた後の小林と私の確信である。どんな効果をもたらか。それは、まず読者にこの本を手に取ってもらうしかないのであるが、今後「ビジョン」の方向に歩みを進める私たちの不安を少し解消してくれるという気がする。未来を構想するとき、過去からの語りかけにヒントがあると思うからである。

本書はあくまで叶原、平井両先生からの聴き取りがメインであるが、お二人に乗っかる形で、小林と私も「社会的養護と私」をテーマに、それぞれの経験と研究から得た知見を語った。その結果、本書は次のとおりの構成となった。

第1章　私と社会的養護――進行する改革の中で（基調となる論説、藤原が執筆）
第2章　叶原土筆先生からの聴き取り（藤原、小林がインタビュアー）
第3章　平井光治先生からの聴き取り（小林、藤原がインタビュアー）
第4章　小林英義の語り（藤原がインタビュアー）
第5章　藤原正範の語り（小林がインタビュアー）

過去から未来に語りかける社会的養護
——叶原土筆、平井光治の思索と実践に学ぶ

目次

第3章　平井光治先生からの聴き取り　インタビュアー：小林英義・藤原正範　71

第4章　小林英義の語り――施設の子どもと学校教育　インタビュアー：藤原正範　141

第1章

私と社会的養護

進行する改革の中で

藤原正範

1　私と社会的養護

私は、社会的養護について論ずる資格がどの程度あるのだろうか。まずは、私と児童福祉との関係を検討してみよう。

私は、一九七四年、岡山大学教育学部二年のとき、岡山市内にある教護院「岡山県立成徳学校」を訪問した。その後この施設に大いに興味を抱くようになり、勉強の関心が次第に非行問題に向かった。三年になって、志願して、この施設の寮で数日間、泊まり込み実習をさせてもらった。

この体験が、私の進路を決定づけた。一九七七年、私は家庭裁判所の調査官補となった。調査官として岡山の勤務が長かった私は、非行の子どもの教護院送致、教護院で生活する子どもの非行の調査、さらには「強制的措置許可申請」事件の調査など、成徳学校と仕事の上での付き合いが続いた。

私は、一九九九年、神戸家庭裁判所に転勤して岡山を離れ、さらに二〇〇五年、裁判所を退職して三重県鈴鹿市の私立大学教員となった。岡山を離れたことから、成徳学校との関係は、私がこの施設の後援会特別会員であるというだけのものになった。しかし、成徳学校の職員（教護・教母、その後児童自立支援専門員）さんの多くと、在職中だけでなく退職後も個人的交流が続いた。私は、「成徳一家」の親戚の一人であると自負するほどである。

そして、ごく最近、私は成徳学校と再び深く関わることになった。私は、大学教員退職後の進路を考え、「社会福祉士国家試験」の受験資格を取得しようと考え、二〇一七年度からNHK学園の通信教育を受け始めた。その過程で、二四日間の「相談援助実習」が必要になったのである。私のような高齢の実習生を受け入れてくれる社会福祉施設を探すのは至難の技であり、あちこちさまよった挙句、岡山県立成徳学校が私の実習を引き受けてくれた。

二〇一七年八月に一二日間、二〇一八年三月に一二日間、実習生として一日八時間、子どもたち、職員といっしょに過ごした。うち三日間は、泊まり込み実習となった。この施設への泊まり込みは、大学三年のとき以来なんと四二年ぶりであった。成徳学校の皆さんのおかげで、私は人生の後半に稀有な体験をさせていただくことができたのである。

話は変わる。一九九〇年頃から、私は、先輩の調査官、佐々木光郎氏の影響で、教護院を中心とする社会的養護の歴史研究を始めた。佐々木氏に誘われ、社会福祉の歴史研究に関わる学会や研究会に出入りしているうちに、調査官の大先輩土井洋一氏（当時、大阪府立大学教授）と知り合った。土井氏の研究グループの人たちから勧められ、宮崎県児湯郡木城町の「社会福祉法人石井記念友愛社」（児童養護施設）に残る石井十次の事業の歴史資料の整理を手伝うという経験をした。

二〇〇五年、大学教員になった私は、本格的に教護院、児童自立支援施設の歴史研究に取り組んだ。その中でも、とくに大阪府立修徳館の二代目館長武田慎治郎が設立した私立感化院「武田塾」の研究に没頭した。その成果をまとめたものが、博士論文「近代日本における不良の子どもに対する施設処遇の展開――武田塾の研究」である。

また、私は、数名の研究仲間とともに日本学術振興会の助成金を得て、社会的養護の現状を研究した。これが、「被虐待児の非行化への対応における社会福祉と司法の協働に関する研究」（二〇一〇～二〇一二年度）、「児童養護施設入所児童の非行予防に関する実証的研究――効果的な支援のために」（二〇一三～二〇一五年度）である。

話は、また少し変わる。二〇〇五年、大学教員になった私は、三重県社会福祉審議会児童福祉専門分科会の委員に就任した。現在もその任にある。また、私の妻千幸は、二〇〇六年四月、県内の児童養護施設の施設長に就任した。それがきっかけとなって、児童養護施設を経営する社会福祉法人の理事になった。その後、児童養護施設を持つ別の二つの法人からも理事の就任を要請され、引き受けた。

二〇〇八年の改正児童福祉法は、被措置児童に対する施設職員の虐待禁止を規定した。何があったわけでもないが、県の委員と民間法人の理事とを兼務していて利益が反するような事態になったとき具合が悪いのではないかと考え、三法人の理事を任期中途ですべて辞任することにした。

長々と社会的養護と私の関係を述べてきたが、このような私は児童福祉、社会的養護についていったい何者なのであろうか。はっきりしていることは、社会的養護の職場で職員としてケアに携わったことはないし、児童相談所など児童福祉機関の専門職員であったこともないということである。私が長く勤めたのは、児童福祉と少し関係のある専門機関、しかし相当性格の異なる司法機関であった。その後、社会的養護の歴史や現場を研究対象とし、また児童福祉の行政機関の一委員となり、施設を経営する法人の役員になったという事実はある。実際、そのような立場から、社会的養護の現場には相当多く足を運んだ。しかし、このことをもって児童福祉、社会的養護の専門家とは言えないであろう。

それでは、「社会的養護のプロフェッショナル」とはどういう人であろうか。その職場に三〇年、四〇年身を置いた職員、施設長は専門家中の専門家と言えるかもしれない。しかし、この人たちでさえ社会的養護の当事者になったことのある人はほとんどいない。また、施設の仕事に長く就いていてもその多くは里親の経験はなく、また逆に長く里親をしていても施設養護の経験のある人は少ない。一人の人が、社会的養護すべてを経験するというのは無理なのである。結局、それぞれが、自ら限界を認めつつ、自分の知っている範囲内の経験と知識を総動員して社会的養護を語ることしかできないのである。

2 社会的養護改革の進行

二〇一一年七月一一日、厚生労働省に設置された「児童養護施設等の社会的養護の課題に関する検討委員会」（淑徳大学総合福祉学部教授柏女霊峰委員長他一〇名）及び「社会保障審議会児童部会社会的養護専門委員会（柏女委員長他一六名）」は、それまでの審議をとりまとめ「課題と将来像」を公表した。

三・一一東日本大震災から四か月、大地震、大津波、その後の東京電力福島第一原子力発電所の爆発による被害が収束に向かう気配もないころである。「課題と将来像」の公表がもともとその時期に予定されていたのか、地震によってその時期に延期されたのかを筆者は承知しない。しかし、日本の歴史にとって未曽有の災害後のこの時期に、一定の財政出動を伴うこの文書が表に出たのである。この英断が誰の手によるものかは知らないが、素直に敬意を表したい。

少々オーバーな言い方になるが、一九四五年八月敗戦後、アメリカ軍の空襲によって破壊された首都と多くの地方都市を抱え、まさに社会の大混乱の真っただ中にあった一九四七年一二月一二日に児童福祉法が公布された歴史と重なる。一九五四年生まれの筆者は、戦後まもない時代について本や映像から知った気になっているだけで体験したものではない。ただ、児童福祉法が、敗戦後の新しい日本社会の将来を子どもたちに託し、すべての子どもの幸せを実現させたいという願いから編まれたものであることは歴史的事実であろう。「課題と将来像」も、たいへんな困難に見舞われた日本社会の将来を子どもたちに託した文書と言えるのではないだろうか。

「課題と将来像」では、一〇数年後、新しい社会養護の形として里親及びファミリーホーム、グループホーム、本体施設（但《ただ》しすべて小規模ケア）それぞれをおおむね三分の一ずつにするという数値目標を提示した。この「課題と将来像」を受け、全ての都道府県が、二〇一四年度までに「家庭的養護推進計画」を公表した。そこで掲げられた目標の全てが「課題と将来像」の掲げる数値に必ずしも忠実ではなかったが、社会的養護の現状を動かそうとする姿勢では全都道府県が一致していた。

児童福祉法は、一九九七年、児童福祉法五〇年の節目の年に、大きな改正が行われた。これは、一九九四年、「児童の権利に関する条約」の批准、一九九七年、介護保険法成立から始まる社会福祉基礎構造改革の影響の二つの背景があった。しかし、この大改正でも、児童福祉法の目的(第一条)は変えられず、社会的養護に関わる改正は小さな範囲にとどまった。

二〇〇〇年、児童虐待に対する関心が高まる中で、議員立法による「児童虐待の防止等に関する法律」(以下、児童虐待防止法という)が成立した。虐待防止が児童福祉の大きな注目点となる中で、虐待によって死亡する子どもの事例に検証が加えられた。虐待防止のために児童福祉法、児童虐待防止法の改正が重ねられた。

児童福祉法は、虐待防止だけでなく、障害者福祉サービスの改革、福祉サービスの市町村への権限移譲、保育所待機児童問題ほか少子化対策のための子育て支援サービスの充実、社会的養護における家庭養護重視の方向性など、さまざまな背景や要因から、ほぼ毎年、改正が重ねられている。

成立当初の児童福祉法のシンプルな姿は、いまや枝条文だらけの非常に複雑なものとなってしまった。しかし、改正には一定の方向性がある。それは、柏女霊峰氏が次のように指摘している(柏女霊峰他『子ども家庭福祉サービス供給体制のあり方に関する総合的研究〔子ども家庭総合研究事業〕報告書』二〇〇六年)。

①都道府県中心から市町村中心（都道府県との適切な役割分担）へ
②職権保護主義から施設と在宅とのバランスへ
③事業主補助中心から個人給付と事業主補助のバランスへ
④税中心から税を中心としつつ社会保険を加味する方向へ
⑤保健福祉と教育の分断から保健福祉と教育の統合・連携へ
⑥限定的司法関与から積極的司法関与へ

そして、柏女氏は、今後の子ども家庭福祉（柏女は「児童福祉」でなく「子ども家庭福祉」という言葉を使う）は「介入と専門的支援を理念とする要保護児童福祉施策と、支援を中心とする子ども・子育て支援施策とを、市町村を中心に重層的に統合させていくことが課題」になると述べている（柏女霊峰「要保護児童福祉施策の展開と今後の論点――社会的養護を中心に」『社会保障研究 Vol2 No2・3』p.156、二〇一六年）。

二〇一六年六月、児童福祉法の理念に関わる大改正が行われた。第一条は、

全て児童は、児童の権利に関する条約の精神にのつとり、適切に養育されること、その生活を

保障されること、愛され、保護されること、その心身の健やかな成長及び発達並びにその自立が図られることその他の福祉を等しく保障される権利を有する。

と全文が書き換えられた。第二条には、第一項・第二項が加えられ、その第一項は、

全て国民は、児童が良好な環境において生まれ、かつ、社会のあらゆる分野において、児童の年齢及び発達の程度に応じて、その意見が尊重され、その最善の利益が優先して考慮され、心身ともに健やかに育成されるよう努めなければならない。

である。また、次の第三条の二が新設された。

国及び地方公共団体は、児童が家庭において心身ともに健やかに養育されるよう、児童の保護者を支援しなければならない。ただし、児童及びその保護者の心身の状況、これらの者の置かれている環境その他の状況を勘案し、児童を家庭において養育することが困難であり又は適当でない場合にあつては児童が家庭における養育環境と同様の養育環境において継続的に養育されるよう、児童を家庭及び当該養育環境において養育することが適当でない場合にあつては児童ができ

る限り良好な家庭的環境において養育されるよう、必要な措置を講じなければならない。

児童福祉法第三条の二は、二〇一一年の「課題と将来像」が示した数値目標さえ不十分であり、さらなる家庭養護への移行を求めているのである。二〇一七年八月二日、厚生労働省の「新たな社会的養育の在り方に関する検討会」（国立成育医療研究センターこころの診療部長奥山眞紀子座長）が「ビジョン」を公表した。「ビジョン」では、高度に専門的な対応が必要な子どもを除いて、ほとんどの要保護児童についての施設養護を基本的に否定している。

その上で、二〇二〇年度までに全国にフォスタリング機関事業を整備して、就学前の児童の施設入所措置を停止するとし、新たな数値目標を次のとおり提示した。

①養子縁組の推進（概ね五年以内に特別養子縁組件数を倍増）
②里親委託率について、三歳未満は五年以内に七五％、就学前は概ね七年以内に七五％、学童以降は概ね一〇年以内に五〇％
③施設養護について、地域分散化された小規模施設（地域小規模児童養護施設、分園型グループケア）を原則

ここで掲げられた数値目標に対して、全国児童養護施設協議会から反対の意見が表明され、現在、厚生労働省や国会議員に対するロビー活動が熱心に展開されている。「ビジョン」公表翌日の内閣改造で、厚生労働大臣は、社会的養護問題に熱心であった塩崎恭久氏から加藤勝信氏に、その後根本匠氏に替わった。「ビジョン」が提示した目標に対する厚生労働省の姿勢は現在どうなのであろうか。若干トーンダウンしたようにも見える。

今後、各都道府県において、「ビジョン」が示した社会的養護改革をどう展開していくかが議論されていくことになる。二〇一六年児童福祉法改正とそれを受ける形で提起された「ビジョン」には重みがあり、これを軽視することはできないであろう。しかし、これが今後どういう形で展開していくのかについて明確に語れる人はいない。「課題と将来像」に基づくものより、さらに地方によって違いが生じる可能性が高いように思う。

3　本書が目指すもの

「要保護児童」と呼ばれる社会的養護の対象となる子どもたちの数は、全国で四万五〇〇〇人ほどである。保育の必要な子ども、障がいのある人、認知症の高齢者など福祉の対象となるそれぞれの人数と比べるとあまりに少数である。長く「社会的養護」が政治、社会、マスコミなどから注目されなかった理由は、この数の少なさによる。

しかし、この数年、「社会的養護」は世間の注目を浴びている。少子化が進む中で「日本の将来は子どもにある」ことがはっきり認識され、社会の空気が少数の問題であっても放置しない姿勢に変化してきたのである。これはとてもうれしいことであり、この流れを大切にしたいものである。

私たちが、この度、インタビューを行った叶原先生、平井先生は、日本の中でも稀有の「社会的養護のプロフェッショナル」である。また、本書の共著者である小林も、社会的養護について豊富な経験を有する。私一人が社会的養護の現場経験をまったく持たない。私自身その限界を十分に踏まえ、インタビュアーを務め、本書の執筆に携わった。

叶原先生、平井先生、小林と私の四人は、「ビジョン」の指し示す方向性は子どもにとってより良いものである、ということで意見が一致した。本書は、昔の方が良かったという語りを集めようとしたものではない。社会的養護改革を、子どもの幸せの実現につなげるためには、日本の社会的養護の過去からも学ぶ必要があると思うのである。過去からの語りかけに耳を傾けない人は良き未来を創出できない。それが本書を執筆するに当たっての私たちの決意である。

第2章

叶原土筆《かなはらつくし》先生からの聴き取り

インタビュアー：藤原正範、小林英義

〔叶原土筆先生のあゆみ〕

一九三五年五月　広島生まれ
一九五八年三月　広島大学教育学部卒業
一九六〇年一二月　岡山県職員として就職、県立由加学園児童指導員
一九六二年八月　岡山県立玉島学園児童指導員
一九六三年五月　岡山県津山児童相談所児童福祉司
一九六六年四月　岡山県立成徳学校教護
一九七四年四月　岡山県立成徳学校教護課長（後に指導課長）
一九八九年四月　岡山県立成徳学校学校長
一九八九年六月　全国教護院協議会会長（〜一九九六年三月）
一九九六年三月　岡山県立成徳学校退職
一九九六年四月　社会福祉法人南野育成園・児童養護施設南野育成園園長
二〇〇四年三月　社会福祉法人南野育成園理事長（園長を兼務）
二〇一九年六月　退任

1　原点は「お兄ちゃんたち」（子ども時代から成徳学校の教護になるまで）

――先生は教護院で育ったとお聞きしています。子ども時代の話をお聞かせ願えますか。

私の父は旧制中学校（現在の高等学校）の教員で、母は専業主婦でした。教護院の職員は現在の福祉職と呼ばれるような職ではなく、教員が務めておりました。そんなことから指名されて、父が広島県立広島学園の教護として赴任をしたのは、私が四歳の時でした。

「さくら寮」と名付けられた男子寮で、父は寮長として、母は保母（子どもたちからは「奥さん」と呼ばれていました）として、一五人位の男子を担当していました。当時の寮は、床の間がついている一〇畳くらいの族長室と六畳くらいの保母室の二間でした。

子どもたちは、床の間がついた八畳くらいの三つの部屋にいました。私は、その一室で「お兄ちゃんたち」との生活を始めることになりました。

父は私に、学園の子どもも土筆も同じ子なので……と言っていたように思います。「お兄ちゃんたち」と呼んでいっしょに生活を始めるのですが、怖いなどという気持ちは全くなくて、「お兄ちゃんたち」に抱かれたり、背負われたり、手をつなぐなど、「お兄ちゃんたち」は私に本当によく手をかけてくれましたので、とても楽しい日々であったと、今でもなつかしい記憶となっています。

――当時、教護院の寮長のことを「族長」と呼んでいたようですね。

そうなのですが、子どもたちは父のことを「先生」と呼んでいましたね。父は短気な人で、規律が守れなかったり、悪いことをしたりすると、すごく怒っておりました。今では決して許されませんが、大声で叱りつけて、体罰も激しいものでした。子どもが叱られていることがわかると、母はよく子どもをかばっており、父に子どもといっしょに叱られていたことも覚えております。子どもと母はとても良い関係であったと思います。まさに「厳しさは優しさで生きる」ということなのでしょうね。母は、叱られた子どもに涙を流して悟らせようと話をしておりましたね。

――「お兄ちゃんたち」というのは、どれくらいの年齢の子どもたちでしたか。

そうですね。小学校三、四年生くらいからいたでしょうか。新制中学校ができたのは戦後ですが、今で言う中学一、二年くらい、一二〜一三歳くらいの子たちが多かったように思います。その子たちを私は「お兄ちゃん」と呼んで、世話というか子守りしてもらって、結構居心地が良くて、うれしかったように思います。

――先生は昭和一〇年生まれで、まさに戦中世代ですよね。

そうです。昭和一六年、ハワイの真珠湾攻撃で始まった太平洋戦争より前の生まれです。子どもの名前は「勝」とか「勇」とかが多い中で、戦争嫌いの父が名付けた私の名前は「土筆」でした。この名前でいじめられたこともありました。「お兄ちゃんたち」の中で暮らす私が、時折、母の元へ行くと、「お兄ちゃんたちにはお父さんやお母さんはおらんのよ」と言って、私の背中を押していた。その「お兄ちゃんたち」が母のところへ行くと、「お兄ちゃんたち」に「ありがとう……」と言って、母は何かを渡していました。それはおやつだったのでしょうね。「お兄ちゃんたち」はとてもうれしそうに笑顔で母のところから去っていました。

――当時の寮の生活はどのようなものだったのでしょうか。

トイレ以外はすべて集団行動と言ってよい生活ですね。朝起きて洗面、そして寮の内、外の掃除をていねいに済ませると、園の集合食堂で食事をとります、三食共に集合食堂で、およそ一〇〇人余りの子どもたち、職員、そしてその家族が一斉に食事をします。寮ごとに、配膳されたテーブルに座って、当番の先生が「……一粒、一滴と言えども、天からの恵みとして粗末にせず、大事にいただきます」と声を掛け、全員が両手を合わせて大声で「いただきます」と言って、食事が始まります。食事中はひと言も発せられない無言の状態で、「ごはん」「おかず」を順序よく食べ、食事時間を終えていました。

朝食が終わると、「お兄ちゃんたち」は教室で勉強を始めます。私は寮に戻って、二歳になるかならないかの弟の子守りをし、「お兄ちゃんたち」の帰りを待っていたものです。

午後の日課は、「実科」といって畑仕事。仕事には「お兄ちゃんたち」に手を引かれて連れていってもらい、手伝いよりも、「お兄ちゃんたち」のまわりで遊んでいたように思います。休憩時には、畑の土手で寝転んで休んでいましたね。

私が小学生の年齢になると、「お兄ちゃんたち」とよくけんかをしました。けんかすると、私が一番先に父から叱られました。そのような私を見て、「お兄ちゃんたち」は私を不憫《ふびん》で、可哀想に思ったのか、とてもよく世話をしてくれました。

ほかの寮の先生の子どもは「坊ちゃん」と呼ばれていました。その子たちが、先生不在時にいじめられていた場面を何度か目にしています、座布団に座ると押しピンが仕掛けられていたりとか。私がそのようないじめに遭うことは一切ありませんでした。

――当時の広島学園の周辺はどんな様子だったのですか。

当時、広島県賀茂郡川上村（現在、東広島市八本松）という地名で、山陽本線八本松駅から徒歩二〇分位の小高い山裾を削った南斜面に施設がありました。私のいた寮は赤土の斜面の最高部にありました。水道設備のない寮ですから、井戸からの水汲《く》みの仕事は相当難儀でした。

そして戦時中のひどい食料不足の折ですから、山を開墾して畑づくり（「実科」と称していました）をしていましたが、その作業にはたいへんな苦労がありました。当時の様子を思い出すと、先生も子どもたちも日没まで汗を流して本当によく働いたように思います。そして「働く」ということは「端《はた》が楽になる」ことと言われて、周りの人を幸せにしようと掛け声をかけながら、みんな一生懸命働いていたことを思い出します。

――叶原先生のお父様の方針は他の族長さんと違っていたのですね。

そうですね。学園の子も職員の子もまったく同じ子どもであるという信念、その上、我が子は放っておいても良いが、学園の子は放っておけないとしっかり手をかけていました。おやつとか食事などは、「お兄ちゃんたち」が一番先で、職員の子、自分の子は最後が当たり前。だから、「お兄ちゃんたち」は、私たち兄弟を可哀想に思ったのか、必ず自分たちのを分けてくれていましたね。うれしかった思い出の一つです。

――そもそもお父さんはどのようなご経歴の方なのですか。

旧制中学校の英語の教員です。広島県北の山深い過疎の村の農家の長男として生まれました。向学心に燃えて、旧制中学校を終えて大学受験を目指して上京します。しかし、東京で受験前夜に火災に遭い、都会を離れ高野山大学に入学しました。僧侶を目指すのではなく、何と英文科の卒業です。大学で英語の教員免許を取得し、教員になったのです。

それが、ある日突然県から呼ばれて教護院に行かないかということで、その事情はよくわかりませんが、当時福祉職というようなものはなく、教護院は教員免許を持った者によって運営されていましたので、教員の父が指名されたのもそうびっくりするようなことではなかったと思います。

――お父様は覚悟の赴任であったのかもしれませんが、お母様にとっては、急に寮の子どもの世話をするということになり、たいへんだったのではないでしょうか。

そうですね、もともと母は商家の娘で、結婚してからは専業主婦ですからね。奥様、奥様と言われていたのが、施設に来たとたん、急に勉強させられ保母になった。

母は「辞めたい」とよく口にしていました。そして、実際行李《こうり》に着物などを詰め込んで、いつでも辞められる準備をしていましたね。

辞めたくなる理由は、担当している寮の子どもが問題を起こすというようなことでなく、女性職員同士によるトラブルが原因でした。担当している子が良い子になると嫉妬され、そうでないと責められるなどでした。子ども心にも、母が可哀想に思えたものでした。

このことは、私が後に教護院の職員となって、第一に職員の和、とりわけ女子職員、そして職員の子どもたちが仲良く楽しく暮らすことが大切だと考えるきっかけになりました。

母はたいへんな苦労していると感じて、私は母に心配かけないようにしなければならないと、いつも心の中で思っていました。当時の保母の仕事はたいへんでした。調理人さんは配置されておらず、保母が三食の調理をしておりました。特に、朝食つくりが大変。当番日になると、朝は四時半、すべての仕事を一人でやらなければならないのです。母の当番日になると、「お兄ちゃんたち」四～五人が、暗いうちから起き出して身支度を整え、炊事場に出向いて母を手伝っていました。そのような光景に出合うと、私はほんとうにうれしくて、「お兄ちゃんたち」に「ありがとう」と心の中で呟《つぶや》きました。

女子職員は炊事当番の順番がありましたが、寮の子どもたちが手伝うというような当番はなかったと思います。寮の子どもたちの集会で、炊事当番を決めていたというような光景を見たことがありません。「お兄ちゃんたち」は、子ども心に自分たちにとって大切なかけがえのない人が一人で難儀しているのを知って、早く起きて手伝いをしようと決め実行していたと後になって思いました。「人は言葉では動かない。情で動かせ」という言葉のとおりですね。

幼いころから、私は困った人に対して知らぬ顔をしていると「薄情者」と、親から叱られていたように思います。しかし、叱られるよりも、「お兄ちゃんたち」の行いから、「情」の大切さ、優しさ、思いやりの心を教わったように思います。

――寮のお世話をお父様、お母様ご夫婦だけでやっていたのですね。

一寮一四、五人の子どもが三室に分かれて寝起きしていました。純粋に夫婦だけです。大勢の子どもの生活の世話は本当にたいへんな労働であったと思います。とくに、衣類の洗濯は、今の時代のように洗濯機などの電気製品がまったくない時代です。洗濯は、洗濯場で洗濯板に衣類を載せてごしごしと手洗いする、物干場で乾いたら、夜なべ仕事で繕い、そしてそれを寝ている子どもの枕元にきちんと畳んで置いておく。その大変さを見て、「お兄ちゃんたち」は、衣類を汚すまい、破れないようにしようと声を掛け合っていました。そのような体験から、思いやりや優しさの心が育っていくのだと思います。

――結局、お父様はいつまで広島学園にいらっしゃったのですか。

父は、一時期、召集を受けて陸軍に入隊していました。しかし、幸い戦地に赴くことなく、復員して施設に戻りました。後になって耳にしたのですが、学園長が「(父は)大事な人だから、早く帰してほしい」と指令部宛に何度か手紙を送ったそうです。それが功を奏してか、父は戦地に行かずにすみました。父の県職員としての定年は五五歳でした。定年前に中央児童相談所に転勤し、そのまま退職になりました。県を退職後、ある社会福祉法人経営の難聴児施設に五年程勤めました。

父の書いた本が二冊残っています。一冊は『咲くも散るも』という本、もう一冊は昭和二四年三月一日発行の『児童福祉事業取扱事例集』（厚生省）の中の「被虐待の事例」（「鬼瓦」の継母と「佛山川」の実父）です。

――叶原先生ご自身はいつまで広島学園で生活していらっしゃったのですか。

大学を卒業するまでおりました。二二歳までです。幼いとき、「お兄ちゃんたち」にお世話してもらった分、大きくなってからは、私が彼らを世話しなければと思っていました。子ども時代に「お兄ちゃんたち」とけんかしたけど、大学生になってからは彼らに勉強を教えたり、いっしょに野球やサッカーしたり、無断外出の子の捜索に自転車で行って連れ帰ったり、いろいろな経験をしました。

「お兄ちゃんたち」に子守りしてもらったことが、私にとっての原体験です。今でもそのときの温かい肌のぬくもりが残っています。現在、教員養成大学で介護体験などが義務付けられていますが、肌の触れ合いは子ども時代に必要であり、成人するころにそのような体験を強いても手遅れだと思いますね。

――先生は教育学部のご出身ですが、教員でなく福祉職を選んだのはどうしてですか。

最後には教護院の職員になろうと思っていました。ただ、その前にいろいろなことをしてみたかったんですね。岡山県で児童福祉施設職員の募集があるという知らせがあって、応募してみたところ採用されました。最初の赴任先は、児島市（現在、倉敷市）由加の山頂付近にある「岡山県立由加学園」という知的障害児施設で、住み込みの指導員として勤めました。その後、児童養護施設「岡山県立玉島学園」に異動になり、さらに津山児童相談所に異動になりました。津山には、毎日、岡山から国鉄（現在ＪＲ）で二時間かけて通勤していました。

津山児童相談所に勤めて三年目の秋、岡山県立成徳学校（教護院）に空席ができるので行きますかという誘いがありました。かねてから成徳学校に夫婦で勤めたいと思っていましたので、県立保育園の保母であった妻に一方的に話して承諾させ、生まれて間もない長女を連れて、同校に赴任したのでした。昭和四一年、ちょうど私が三〇歳のときです。当時の私にとっては、自分の古巣に帰る、自分は子どもたちと暮らしを共にする人生を送るぞという心境で、とても張り切っていたように思います。

――奥様とはどういう縁で結ばれましたか。

家内とは、岡山県職員として採用され赴任した知的障害児施設「由加学園」で出会いました。そこで結婚し、家庭を作りました。結婚と同時に妻は県立保育園の保母として転勤しました。その後、一児をもうけた後、成徳学校の家庭舎に住み着くようになったのです。

妻は岡山県井原市の出身で、両親を二歳の頃亡くしているんです。おじいちゃん、おばあちゃん、親戚の人たちに育てられています。おばちゃんは保育園長をしており、家内はそれを見て育ち、保育者を志したようです。そのような生い立ちだから困っても帰る場所がなかったのです。私が好き勝手に振る舞っても、帰るところがないから我慢して今まで付いて来たのだと思います。帰る場所があったら、身勝手な私を見放してさよなら……しているでしょうね。今考えてみると、私は成徳学校で子どもを引き連れては遊び歩き、本当にしたい放題をしていたように思います。しかし、実はそれは家内の手のひらで遊ばせてもらっていただけだったかもしれません。

今になって思うのは、今日の私があるのは、すべて家内のおかげであると考えて感謝をしています。

――先生はその後六〇歳の定年まで成徳学校にいらっしゃったわけですね。外へ転勤という話は一度もなかったのですか。

私までの成徳学校の校長職で現場から直接昇任した職員はおらず、ほかの福祉現場に異動し二~三年経って校長として戻るというのが恒例でした。実は、私にも平成元年三月に、内々に成徳学校を出て児童相談所長として異動するよう打診があり、私はそっと荷物の整理を始めていました。

そのとき、たまたま成徳学校百周年記念のお祝い行事がありました。その中心的行事で、北海道家庭学校校長の谷昌恒先生を記念講演の講師としてお招きをしました。講演後、県の幹部職員を含め大勢の関係者の集いが開催されましたが、そこで岡山県の人事担当者と谷先生とで何か話があったようです。私はそれがどんな話であったかはまったく知りませんが、その後思いがけなく私の異動の話はなくなりました。私は、そのまま成徳学校の校長として昇任することになったのです。私以降、教護職から異動なしで校長に昇格する職員が何人か出ています。

2　子どもと遊ぶプロフェッショナル（成徳学校の教護として）

――先生は教護院で育ち、教護院に就職をされました。施設が違うと言っても、ほんとうによく知ったところで働くようになったわけですね。広島学園と成徳学校の違いはありましたか。

そうですね。どちらの施設も松や雑木などの自然林は大切にされており、四季折々に花を咲かせる樹木や草花はとくに大切にされていました。春の桜の開花は実に見事なもので、外部からの来客も含めて賑やかな花見が毎年繰り返されていたものです。

施設の子どもは私どもに心を閉ざしてなかなか開いてくれませんが、施設の自然環境には心を開いていました。ある男の子ですが、私との初対面の時「嫌な先公、鬼に見えた」と言いました。その子が成徳学校の校門を一歩入った途端、「ここはええ所じゃなー」と言ったのです。子どもにとっても、職員にとっても施設の環境はとても大切なものです。

成徳学校の職員は、私のような新米者に対して非常にていねいに手を掛けてくれました。先輩の寮長の先生方からは、親戚以上にお世話になりました。三人の我が子の子育てで、子守りしてもらったり、風呂に入れてもらったり、食事をさせてもらったりなどたいへんお世話になりました。現在の社会は核家族中心で、近隣の世話役や人生経験豊かな長老の力を借りようとしないのは残念です。

成徳学校の考えは、子どもたちとの暮らしを共にし大切にする、生活を楽しむというもので、勤務、仕事という考え方は薄かったように思います。

――先生は広島のご出身ですが、岡山には何か縁があったのでしょうか。

広島学園時代の中学生のとき、父の隣寮に井上肇、和子先生が赴任されました。その後、肇先生が広島県から岡山県庁に異動され、私に岡山に来ないかと声を掛けてくださったのです。

肇先生は島根県のご出身で、島根の師範学校から「国立武蔵野学院附属教護事業職員養成所」に進みました。養成所を修了後、和子先生の出身地である北海道の北海道家庭学校に勤め、一年後、広島学園に来られたのでした。

――先生が成徳学校に赴任したとき、三〇歳の先生が一番若かったのですか。

そうです。最も若い新米です。夜遅くまで子どもと遊ぶので、朝起きが苦手で、先輩の先生から起こされたこともありました。

最初一〇年間は男子寮の担当でした。一寮に一五〜一六人おりましたね。子どもの部屋は三つで、八畳一間に五〜六人が生活をしていました。人数が足りない、誰かがいないと頭数を数えると、床下に潜っていたり、天井に上がっていたりする子がおりましたね。私と子どもたちはお互いにだまし合いをしながら、遊んでいたものです。

寮には風呂が一つしかなく、家内が我が子を入浴させ、その後、私は寮の男子といっしょに風呂に入りました。風呂の中で騒ぎ過ぎて、家内によく叱られました。

日課は「寮即学級」であり、寮の子には寮長が授業を行うという形でした。午後は、たいてい農作業と運動でしたね。土曜、日曜は休みで、私は子どもといっしょに川や海に釣りによく出かけました。

――ご夫婦だけでそれだけ大人数の子どもの面倒をみていたのですね。

純粋に夫婦だけでした。二四時間、子どもたちと暮らしを共にする生活でした。ある意味、私の好き放題をしていたということかもしれません。実際にその当時の子どもたちがそのような生活をどう思っていたのかはわかりませんが、とにかく私は暇があれば、子どもたちといっしょに川や海辺に出かけていました。そのうち、もう少し遠くに、県内外の名勝地、観光地などに出かけたくなり、大型自動車の免許まで取ったのです。本当に申し訳ないですが、自分の子は全部家内任せ、寮の子ども達といっしょに遊び回りました。

――先生ご自身のご家族はどんな状態だったのですか。

成徳学校赴任の時、すでに長女がいました。男子寮で生活するのですから、長女にはスカートでなくいつもズボンをはかせていました。ボーナスが入ると、寮の生徒と娘を引き連れて街に買い物や遊びに行きましたが、生徒たちが長女を天車（てんぐるま・肩車のこと）して歩いてくれました。

その長女は、現在、成徳学校の女子寮の保母をしています。退院生がたまに訪ねて来ることがありますが、「ちゃこさんが今は保母さんか……」となつかしそうに言い、昔話に花が咲くことがあります。

長女が出産し、その子がまだ小さいころ、寮の女子たちがおしめを換えたり、抱っこしたり、おやつを与えたり、しっかり子守りをしてくれていました。そのような光景を見るのは、本当にうれしいものです。

――寮生活の思い出で覚えておられるお話をお聞かせください。

そうですね。土曜、日曜に校外によく出かけましたが、もっとも多かったのは釣りでしょうね。前日の夕方、子どもたちが畑の堆肥の中から魚のエサになるミミズを掘り出します。翌朝五時頃、子どもたちは起床の声を掛けなくても起き上がり、それぞれ身支度を整え、竿《さお》を肩にしてかけ足で釣り場に行きました。とにかく子どもにとって遊ぶということは何より大切であると思っていました。

寮生活の中で重視したのは食生活でした。男子寮では、週一度、寮で夕食を作り、私の家族といっしょに食事しました。時には園庭に敷物を敷いてみんなで食卓を囲みました。

どんなことも笑顔で楽しい日々を送りたいと思って取り組みました。ただ、弱い者いじめなどの行動は絶対に許さないという頑固なところがあり、それが少し強過ぎたかもしれないという反省はあります。

――先生は子どもを楽しませる天才ですね。

子どもとは遊びから関係が始まると思います。私も、小学校時代、新学期に入る四月には遠足が行事に組まれていました。遠足では、お弁当を持って担任の先生を先頭に歩いてどこかに行きました。そんな楽しい行事があって、子ども同士がお互い仲良しになったと思います。

子どもを手の内に入れるためには、子どもと共に遊ぶ、運動することはとても大切です。私が子どもを遊ばせるのが上手というわけではないと思います。中学生くらいの年齢の子どもが家庭から離れて私たちと家族のような生活を始めるのです。そこでどのようにして人間関係を結ぶかを考えると、子どもを無条件に受け入れることから始まり、だんだんと親子のような家族となっていくわけですね。そこに理屈は不要であり、いっしょに遊びたいから……ということでいいように思います。

一般の小学校や中学校は社会人として必要な知識を教育しなければならないですが、私たちが預かる子どもたちには、学校教育以前の問題として、生活が落ち着いて意欲が湧くということがとても重要です。いかにして意欲が湧くような生活にするかということだと思います。

子どもと暮らしを共にする中で、朝から起きろ、掃除しろ、勉強せよ……など命令ばかりでは、子どもは反抗するばかりです。そんなことを繰り返していると、子どもは意欲を失い、何もしなくなります。

私が中学三年のときのことです。「武蔵野学院」の石原登先生が広島学園に来られたことがありました。石原先生は父と風呂に一緒に入り、気持ちよく大声でしゃべっておられました。

「教護は風呂焚《た》きだ。湯加減が良ければ、風呂に入った者はご機嫌がよくなってくる。湯加減を良くすることが教護なのだ」と。その言葉は、今でも私の頭にあります。私は、子どもたちが暮らしやすい雰囲気、環境を作ることが大切であると思っています。

――先生は女子寮が長かったとお聞きしましたが。

そうです。男子寮一〇年の後、四〇歳から女子寮を二〇年間担当しました。女子を担当するとき考えたことです。多くの女子は生涯家事をしなければなりません。女子には衣、食、住に関わる家事をしっかり身に付けさせようと思いつき、朝、夕、いっしょに食事を作ることにしました。朝食は、当時各寮が作っていましたが、女子寮では夕食作りも始めることにしたのです。結果として、これはほんとうによかったと思います。子どもとの関係がしっかり深まっていきましたから。食事作りを通して見えないものが見えてくるということがわかったと思います。

朝食、夕食を作るのは私の仕事で、家内には任せませんでした。家内は自分の子どもの世話があり、とくに朝はとても忙しいのです。

寮の朝食は週ごとの当番制にしていました。当番に当たるとほかの子より三〇分早起きします。朝起きるため目覚まし時計を使います。しかし、女子たちは目覚まし時計を枕元に置かず自分の布団の中に入れて眠ります。これは素晴らしい心配りです。ほかの子たちを少しでも長く眠らせてあげたいという思いやりなのです。そして、実は布団の中でもベルを止めています。ほかの子への優しさや思いやりがしっかり育っているんですよね。

冬の早朝のある日、寒い中で水仕事に手を止めて「……お母さんはこんな冷たい水仕事を毎日していたんだな……、ここから早く帰りたいと思っていたが、帰宅したら昔の友と遊ぶようになる。また、母を悲しませることになる。だから帰らずにここで頑張るよ……」と言う子がいました。その子は中学校卒業後、この施設から高等学校に通学しました。

難儀な経験をしてみて、別れて暮らしている母の苦労がわかり、初めて母に感謝の念が湧く、そして頑張る気になる、そのような子どもの成長が見られるのは、実にうれしいことです。「わかることは変わること」だと思います。

女子には、家事だけでなく、生け花やお茶、毛糸の編み物も教えました。手編みでセーターが編めるようになると、ある子は真っ先に母のものを編みました。面会に来る母のために、消灯後もわずかな灯を頼りに編み上げて母に渡します。我が子の手編みのセーターを手にした母は「あんた、本当に良い子になったね……」と。また、盆、正月に自宅に帰省する前になると、夕食の料理作りのメモをしていきます。帰宅後、家族に料理を作って食べさせたいのです。私がよく作っていた鶏のから揚げなどは油で揚げるだけで食べることができるよう、半調理して持たせて帰らせたものです。

掃除や洗濯、そして調理などが身に付くと、子どもが以前とはすっかり変わったように見えて、親は「良い子になった……」と我が子を振り向くようになってきます。「親が変われば子どもが変わる」と言われますが、「子どもを変えて親を変える」ということもあると思ったのです。

――先生は、児童福祉に人生一筋を掛けるということになりましたね。

そうですね。幼いころの教護院の「お兄ちゃんたち」との出会いが、私にとって運命的なものでした。その出会いを心からありがたいと思い、これからの人生も児童福祉一筋で歩みたいものです。

成徳学校に赴任するとき生後まもない娘を同伴しました。今では、その娘が結婚して夫婦で成徳学校の職員として寮を担当しています。これは、本当にうれしいことです。娘夫婦は三人の子どもに恵まれました。その孫たちは現在福祉を志して学んでいます。孫たちも後継者になるかもしれません。

成徳学校は、現在六軒の家庭舎ですが、六組のうち三組が同校で育った夫婦です。人生とはまさに出会いで作られるものでしょう。

――先生と同年代の児童福祉の担い手にはどんな人が多かったですか。当時、専門職としてなかなか認められない雰囲気があったのではないかと思いますが。

そうですね。児童福祉の仕事をしていたのは、一般職ではなく選考職でした。選考職の中では、心理職はエリート意識が強く、児童相談所の心理判定員の何人かは大学教員になりました。私自身は、福祉の現場で子どもたちと暮らしを共にするのがもっとも自分らしさが生きると思っていました。

――先生の場合、先に理論があって、それを実践されるという形ではなく、日々の取り組みの中から、これが一番いいんじゃないかと経験でたどり着くわけですよね。

アハハ、僕はあまり本を読むのは好きじゃないしね。私自身、児童福祉の勉強を特別にしたことはありません。教護院についてもそうです。幼い時からいろいろ見聞きをし、体験したことで、今の私があるのでしょう。

それでも、今では故人となられましたが、北海道家庭学校長の谷昌恒先生が執筆された「ひとむれ」は、よく読みました。また、三浦綾子の、小林多喜二の母親の生きざまを克明に綴った『母』、それから、生きることは命を使うことで人のために命を使うことが大切であると教えてくれた『塩狩峠』は、私の愛読書でした。

昔の話になりますが、中学校のころに出会った養護施設「少年の島・似島学園」の園長吉川豊先生は、子どもの施設の職員は「City 出身は不要、Village 出身が良い」と言っておられました。City 出身者は口が達者で指示や命令はよくできる、Village 出身の職員は口下手であるが多くの仕事をすることが身に付いている。田舎で、父や母、そして祖父母や近隣のおじさん、おばさんたちの仕事の仕方を見様見まねで教わり、それをきちんと身に付けている。そのような若者が子どもたちと生活を共にすることで多くの仕事の仕方を教えてくれる、と話されていました。

そして、もう一人、忘れられない先生がいます。広島市に原子爆弾が落ちて終戦を迎えることになりましたが、この原爆で大勢の人が亡くなりました。大勢の子どもたちが、父や母を失って市内を徘徊《はいかい》、浮浪しました。そのような戦災孤児を保護する収容所が作られ、次々収容しましたが、その子どもたちが次々逃げ出し、施設職員たちは広い市内を探し回って連れ戻しては叱っていました。しかし、子どもたちは叱られても、叱られても施設を飛び出す。戦災孤児を保護する施設の長であった上栗頼人先生は、逃げ出した子どもたちを広間に集め、正面のテーブルに立って、自分の左手の平をテーブルの上に置き、「がんばれ！」と叱る。子どもたちは「先生、がんばります」と大声で叫ぶ。上栗園長は、子どもたちの叫び声を耳にして安堵《あんど》する。しかし、これで頑張ってくれると思ってもつかの間、一週間くらいおとなしくしていても、一〇日、二〇日と日が経つと、再び次々逃げ出してしまう。上栗園長は迷いに迷い、私の父のもとに、ある日、相談に来られました。父といろいろな話をしていましたが、学校の授業はテストをすれば教え方が悪いのか、教わる子どもの力不足か、いずれにせよ答は見えてくる、しかし心の教育は簡単に答は出ない、長い人生に関わって初めて答が出るものであろう、というのがその日の結論であったと覚えています。当時、私は中学三年生でした。

ずいぶん後になって、『広島新生学園創立三五周年記念誌』に「上栗頼人先生は、私たちがいろいろと問題を起こしても、叱らず、一生懸命に弱い自分に負けない強い自分をつくれ……と話しておられた。その一言、一言は決して忘れないで今でも覚えております。残念なのは、言われたことが守れなかったことです。そして、先生は今、この世にはおられないのですが、私の心の中に先生が住みついて生きておられます」と元入所者が綴っています。

孤児の父、あるいは児童福祉の父である「石井十次」は「主婦（保母）の四角（資格）の中で児童中心主義であることが重要」という。私は、それは相手の立場に立つことだと思っております。そう考えると、子どもがいろいろと問題を起こすのはこちら側の力不足、非力である、問題を起こさせた私が悪いんだと問い直し、自分の力を高めることが重要であると思うのです。

似島学園長の吉川豊先生、広島新生学園長の上栗頼人先生は今や故人となっておられますが、人生が終わるまで私の心の中に住みついています。二人はほんとうに大切な大先輩です。

3　いつも子どもの中で（成徳学校の校長、全国教護院協議会会長として）

――先生は施設の校長になってからも、寮を担当されたと聞いていますが。

私が校長になった時、六軒の家族舎のうち四軒が男子、二軒が女子でした。当時、女子がとても多かったように思います。寮舎は平屋建てですが、子どもたちの生活の場所をはさんで両側に職員の居所があり、一方に寮長夫婦の住まい、もう一方には補助職員の住まいがありました。私が校長になって、私の家内はそれまで私たちが寮長夫婦をしていた寮の補助職員となりました。それで、私もそれまで関わっていた寮で引き続き暮らすことになり、子どもたちとの関わりもそれまでと同様に続きました。

校長時代、生涯忘れられない悲しい事件がありました。男子寮の子どもが夜、無断外出してオートバイを盗んで乗り回し、自動車と接触事故を起こして尊い命を落としてしまったのです。私は、県庁から呼び出されましたが、県の担当者は私に「成徳学校の寮担当職員は夫婦で子どもたちと生活を共にしており、満足に休暇を取得していない。職員が安心して休める方法を考えるように……」と指示したのです。

そこで考えたのは、新しい寮を建ててもらい、職員の休日にその寮の子どもを新寮に移動させるという案でした。そのことを県当局に説明したところ、理解してもらえ、担当者の尽力によって、二寮の子どもたち全員が生活できる三〇人定員の寮「さざんか寮」が誕生したのです。「さざんか寮」は二階建で、一階部分は子どもと担当職員の居住部門、二階部分は教室と地域に開放できる交流ホールという立派な施設になりました。

その時思ったのは、決まり決まったことを行うという「当たり前」の仕事をしていたのでは人は振り向いてくれない、当たり前でないこと、普通以上に難儀や苦労をしてやることによって人は振り向いてくれるものだ、ということでした。

「さざんか寮」には、毎月何度か子どもたちを受け入れました。女子二寮の子どもたちを預かるとき、女子は小学生から中卒者までの大勢でしたので、私たち校長夫婦が中卒の子どもを預かることにしました。それは私の退職まで続けました。私たち夫婦は、成徳学校で三〇年間、子どもといっしょに生活をしたのです。もっとも、私は寮の片隅でごろごろしていただけということですが。

――先生の校長時代、校長室にほとんどいらっしゃらなかったと聞きました。

そう言われるとそうですね。校長室に一人でいることは少なくて、ほとんど職員室で皆さんの中に居りました。

そして、校長になってからも、大型自動車免許を使って、無料の福祉バスを借りて、中国地方は日本海へ、四国は太平洋へ、実によく出かけました。もっとも遠い所では、長野県の木曽の御嶽山まで、一学期の終わる七月のことです。山の頂き付近に着きましたら、万年雪があり、子どもたちは大はしゃぎで雪合戦をしました。

高知県の足摺岬に行ったときのことです。ある女の子が椿の咲いた小路を駆け足で断崖絶壁に立って、私に向かって「今度来るときは自分の子を連れて来るよ……」と。その一言は私の胸にズキーンときました。そう、この子たちは子ども時代の幸せな体験が乏しいのです。我が子を連れて来ると誓うその女の子は、きっと自分の子には幸せと思える体験をたくさんさせるだろうと思ったのでした。

また、成徳学校から東の方向に一時間くらい車で走ると牛窓の港に着きます。その港から一〇分くらいフェリーに乗ると、前島という小さな島に渡れます。土曜日、日曜日に竿《さお》を持って、そこによく遊びに行きました。そこに連れて行ったA子の母から、退所してしばらくして手紙が届きました。「……A子が働いてお金を貯め、私と前島の民宿に一泊した。貧しかった私がA子にしてやれなかったことを先生にしていただいて、ありがとう……、母を楽しませるような子に育ててくれて……」と。こんな感謝の手紙が届いたのは、本当にうれしい思い出です。

女子の話ばかりしましたが、それぞれの男子寮の担当者も、校外指導という形で子どもを外へ連れ出し楽しんでいました。施設の野球大会には、選手だけでなく選手でない子どもたちも連れて行きました。全国大会に出場するためには中国地区の代表にならなければなりません。中国地区は、五県が毎年順番に開催地になり、野球大会を開催しています。成徳学校は、選手たちを開催地に先に送り込み、その後選手外の子どもも行かせるようにしました。成徳学校が地区大会で優勝したとき、全国大会の会場は滋賀県大津市でした。そこに子どもたち全員を連れて行き、淡海学園（滋賀県立教護院）の体育館に宿泊しました。炊飯器とガスコンロを持参して行き、朝夕の食事を作ったのはなつかしい思い出です。

その時だけでなく結構、自炊体制で旅行していましたよ。秋のことですが、山陰の境港で波止場にバスを停めて、釣りをしました。シーズンで小さな魚が釣れるのですが、車内のガス炊飯器で飯を炊き、鍋でボンカレーを温めて昼食しました。これも楽しい、懐かしい思い出です。

私は子どもにとても厳しい面がありましたが、同時に楽しい行事を大切にしてきたと思っております。

――先生が施設長として施設全体を運営される中で大切にされていたことは何ですか。

まずは、職員の和、特に女性同士が仲良しということです。そのため、婦人会、子ども会を作りました。月に一度、婦人会の女子職員はそろって外出し一晩楽しむようにしていました。その職員の子どもたちを預かるようにしてね。中には、自分の子を預けたのを忘れて、翌朝になって連れに来た保母さんもいました。私は夕食を作っていましたので、少し余分に作っては各寮に差し入れをしたりしました。何はともあれ、職員の人間関係が深まること、困ったときにお互いに助け合うことを大切にしてきたと思います。

成徳学校は、施設入所について相談があれば、どのような子でも無条件に受け入れをし、その子どもが当校で頑張っていこうとする意欲が湧く生活を目指してきました。職員たちは「子どもと一夜を共にしたら我が子になる」と力強く言っていました。その言葉が印象に残っています。

今、家族関係が希薄になり、地域の人同士もお互いに関わらなくなってきたと言われています。それでは駄目で、お互いが孤立しないようにしっかり関わっていくことが大切だと思います。

小舎夫婦制の良いところは、仕事としてとか勤務で、という考え方で行かないことですね。衣、食、住に子どもといっしょに関わる、生活を共にすることが大切です。そして、そこに楽しさがないとね……。

――先生は全国教護院協議会の会長を務められましたね。

平成元年から八年、校長をやめるまで務めました。全教協会長になって、全国各地に出向くことが多くなり、さまざまな人と交流できたことは、私の財産になりました。

私が会長の時、施設の利用児童数が減少していくことから、教護院という名称からくるイメージが暗くてよくないので、名称を変更する動きがありました。そこで、全国の教護院にアンケート調査をとりましたところ、答の中の最多は「家庭学校」でした。教護院の父と言われる留岡幸助が、家庭のように親の愛に満ち溢《あふ》れた環境で子どもを預かり、自立の知恵を授けるという意味で、その施設を「家庭学校」と名付けたのです。教育と保護、家庭と学校を一体化した施設が「家庭学校」であり、この名称なら一般社会に対してイメージも良いというのが最多の理由であったと思います。

しかし、平成九年の児童福祉法改正で、教護院は児童自立支援施設と名称が変更されて、私は予想外だったので、たいへんな驚きでした。

――その後、教護院の利用児童数の減少はどうなりましたか。

いわゆる「定員開差」（定員より入所児童数が相当に少ないこと）の問題で、全国どこに行っても、「定員開差」問題が問われ、会長として苦労しました。そして、その時期、小舎夫婦制が通勤交替制に変わっていく施設が見られ始めたということです。夫婦制の職員が得られにくくなってきたのです。

私は、「定員開差」問題は、小舎夫婦制が崩れていったことが大きく影響したと考えております。教護院を利用せざるを得ない子どもは、家庭や地域社会などで非行とかさまざまな問題を起こし、また家庭が機能していない環境にあるのです。

家庭とは、子どもを天からの授かりものとして無条件に受け入れ、世の中でもっとも安全、安心、安堵《あんど》する場です。子どもは父や母など家族と暮らしを共にする中で、衣、食、住に関わって養育されていくものです。施設も家庭的な温かい環境であることが大切で、その家庭的機能が薄れていけば、必要な子どもも施設を利用することから遠ざかってしまう。

私は会長時代、もし教護院が小舎夫婦制の勤務条件が過酷で維持できないのであれば、夫婦職員を教護里親として、勤務時間の定めがない特別公務員と位置づけられないか、と厚生省の育成課長に話したことがありますが、笑い話で終わってしまいました。やはり職員の勤務時間が大きなネックになります。家庭に仕事、父や母に勤務という考えは通用しないですよ。子どもは家庭を求めているのに、八時間の勤務時間の職員がすることが家庭と言えるかということです。私は、教育、福祉、医療の三分野について労働基準法適用除外にならないか、と厚生省職員に尋ねたこともありますが、「無理ですね」と即答されました。そうであるなら、教護院は広い敷地の中で活動が営まれているので、「里親村」「教護里親村」にならないかとも訴えました。

いずれにせよ、「定員開差」は、家庭機能を失った施設側の責任が大きく影響していると思います。施設を利用せざるを得ない子どもの立場と子どもの養育に関わる職員の立場の両方を考えると、解決困難な問題ですね。

交替制では、八時間勤めた職員は時間が来ると帰ります。引き続き居たいと思っても、次の勤務者が来ているので去らざるを得ないのです。

しかし、こんなこともありました。全国少年野球大会に地区代表となる常連の教護院がありました。「そこは小舎夫婦制をやめて交替制に変えたのに……なぜ?」と思って、その施設を訪問することにしました。そこに行ったのは休日でしたが、勤務外の職員が大勢グラウンドに来ていました。その職員に話を聞くと、「勤務でなくても特別な用事がない限りいつも施設に来ているよ」という返事でした。子どもに常に接している、共に「居る」ことは大切なことであると思いました。
そして、職員の仲良しは何より大切なことです。夫婦職員同士長く付き合っていたのに、いつの間にか不仲になってしまった。その結果、教護職に嫌気が差すようになった。そんなことから小舎夫婦制が崩れていったという施設もあります。

――教護院の職員の中に、その仕事が好きでないという人も混ざっていますか。

そうですね。教護院は児童福祉施設の中で都道府県に設置が義務付けられている唯一の施設ですから、民間の二つ（北海道家庭学校、横浜家庭学園）を除くと、職員はすべて公務員です。公務員は世の中の好況、不況に影響されないで生活が安定しますよね。公務員も初任給当時は民間の福祉施設とあまり差はありませんが、その後昇給には大きな違いがあり、一〇年も経過すると相当大きな差になります。公務員として福祉の選考職である教護院に採用されても、施設内居住で子どもと暮らしを共にする生活から、同じ福祉現場である児童相談所に異動する人が多く見られます。
小舎夫婦制の施設は、子どもと生活を共にするという生活が過酷に思えて、希望者が減少している現状があります。しかし、児童福祉の選考職であれば、現場を多く体験することは児童福祉の向上につながることなので、異動が必ずしも不適切であるとも言えません。岡山県では、ひと昔前の選考職採用者は児童福祉の現場が初任地になっていたように思います。いろんな現場を体験するのは大切なことです。

――県によっては、一般行政職が施設の寮担当をしているというところもあるようですが。

そのような施設もありますね。しかし、もっと問題なのは施設長の人事です。私が全教協会長の時、ある県で一般職から昇任して施設長になった方が「自分はどうして教護院長に発令されたのかな。過去何か問題を起こしているのだろうか?」と呟《つぶや》き、「暗い表情の日々を過ごしているので、何とかならないか」と私に尋ねました。その方は、新人施設長研修会を受講して帰園され、次の日から長靴を履いて作業服姿で子どもたちに交じって作業するようにし、次第に生き生きとした表情になっていきました。その時の研修会で私が何を話したのか、確かなことはよく覚えていませんが、「子どもと共に」、「相手の立場に立って」などに力を入れて喋《しゃべ》ったように思います。

子どもの施設には、子どもが大好きで喜んで飛び込んで来る人が必要である、そうでないと施設の明るい未来はないだろうというふうに思った懐かしい話です。

4　住み込みの施設づくり（南野育成園の施設長として）

――成徳学校をご退職後、児童養護施設南野育成園の園長、理事長になられましたよね。先生はその施設を大改革されたとお聞きしていますが。

私が南野育成園に勤めるようになったのは平成八年のことです。当時、職員は通勤交替制で、もちろん施設長の私も通いでした。施設には、夜間、宿直職員のみ泊まっていました。ある日の帰りがけ、一人の子どもが「先生、帰るんか。ええな。僕は帰るとこ、ない」と言ったんです。その一言が、この施設を職員の住み込みに替えようと決意するきっかけになりました。

当時、子どもと職員の関係が希薄で、職員によっては子どもを十分に手の内に入れていなかったように感じておりました。食堂で全員そろって食事をとっているとき、ある子が職員の方に目を向けて私に「先生らは食費を払いよるんかな」と尋ねてきたことがありました。

そのような中でも、職員たちは、朝出勤すると施設の掃除をする、子どもの服の洗濯をするとまことによく働いています。私が子どもに「少しは手伝えよ」と言ったら、子どもは「何で手伝わんといかんの。先生ら、給料もろうとんじゃろう。給料もろうとりゃ、仕事をするの、当たり前じゃろう」と答えたのです。それはそのとおりかもしれませんが、どこか間違っているように思います。

それで、施設は子どもにとっては家庭であり、職員は子どもの親代わりだから、職員には施設に住み込んでもらう方針にしました。そうしたら、職員がほとんど辞めてしまったのです。

困りましたが、そこで助けてくれたのが保育士養成校の知人たちでした。知人たちは私の考えを熟知してくれており、彼らが学生の背中を押してくれ、何とか職員を集めることができました。大勢の職員が住み込んで子どもと暮らしを共にしているうちに、意見箱に「先生はよく働いている。たまには休ませてあげたい」という紙が入りました。朝食づくりを手伝う子たちも出てきました。朝の起床は、ベルを鳴らすとか、「起きよう」の声かけでなく、炊飯の匂い、まな板で野菜を刻む音などで、子どもが自然に起き上がって、「おはよう」から一日が始まるようになれば……、そんなふうに思っていました。施設全体が自然にそのようになっていくのはうれしいことでした。

また、祖父母を大切にして多勢が暮らす大家族から、若者夫婦が中心の核家族となっている現在、人生を先輩から学ぶ機会が失われて、人との関わり方が学べず、大切な人間関係が希薄になっていくのは、残念なことです。

――職員住み込み方式にすると職員の継続勤務年数が短くなってしまい、二〜三年でころころと替わってしまうという声も聞きますが。

短い年数でも家族のように子どもと暮らしを共にして養育するのがいいのか、通勤体制でも子どもと長く関わって養育するのがいいのか、いずれが良いのでしょうかね。本当に難しい問題です。養育される子どもの立場に立つとどうなのでしょうか。特に家庭的養護を目標にするとなると、どういう方向を目指すべきか、私にもわかりません。

施設を利用せざるを得ない子どもの家庭を見ると、ほとんどが親の離婚です。愛を求めて結婚し、愛を求めて幸せを目指したのに、どこかで期待が外れてしまう。愛を求めるばかりで、愛を与えることを知らない者同士の両親であったんですね。愛の結晶である子どもを手放して、新しい愛を求めて去っていく親。そんなことを考えると、私たちが施設で養育するのは親の不幸を背負った子どもだと思えてくるのです。その子どもたちを養育する施設は、家庭的な温かい雰囲気に満ちたところでありたいものです。

――児童養護施設の職員の仕事はとても難しいように思いますね。

ほんとうにそのとおりです。それを二〇歳そこそこの職員がやろうとするのですから、とてもたいへんなことです。今日、福祉を学ぶ学生は星の数ほどいます。しかし、子どものモデルになるような生活を身に付けた若者、家事をきちんと身に付けた若者を求めるのは非常に難しいです。だんだんと施設職員の採用が思うようにいかなくなってきました。

笑い話のようですが、保育実習で出会った学生を同伴して、畑を通りかかることがありました。その畑に真白い花をつけた野菜の名を尋ねたところ、じゃがいもと答えられた学生は四人の中で一人もいなかった、また畑で土がいっぱいついた大根を見て、大根は白いものでこれは違うと言うなどなど、本物を知らない学生が実に多く見られます。感性も乏しくなっています。自然の中で何かを感じて想像する力、そして優しさ、思いやり、情というか、人として大切なものが十分に育っていないように思います。

私自身、施設で育った子どもたちが親になったとき、自分の生んだ赤ちゃんをきちんと抱いて、顔を見ながら乳を飲ませ、おしめをちゃんと替えてあげる、これくらいにはなってほしいと思いながら、やっています。

――児童自立支援施設と児童養護施設の両方を経験されて、いかがでしょうか、先生のお話では、児童養護施設は児童自立支援施設にも増して支援の難しいところであるという印象を受けるのですが。

そうですね、まず児童養護施設の方が、子どもの入所している期間が長い。だからこそ、子どもの人生にとってのいいモデルを作らないといけないと思います。しかし、いいモデルはなかなか育ってきません。施設の伝統というものを作っていくことが必要だと思うのですが、伝統ってなかなかできませんよね。私たち職員が、施設を自分の家庭として作り上げること、施設に職員が住み着いて生活をすること、そういうことによって少しは違った施設づくりができるように思います。職員が事務や管理の仕事に追われるようでは、温かい家庭的な雰囲気を作ることは難しいでしょうね。

環境づくりも大切だと思います。「花を植える」ということも、実は私も若い頃は花なんかどうでもいいと思っていました。しかし、この歳になると花はやはり必要です。花を育てるには時間的余裕がいります。今は、職員があまりに忙しすぎるんですね。一日八時間という中で、やたらとパソコンやらワープロやらを打たないといけない時代で、そんなことばかりをセカセカやっている。そこには心のゆとりは生まれません。笑ったり、笑わせたり、笑顔で冗談めいたことを言うことが必要です。ゆとりがないと笑顔は期待できないと思うのです。

――児童養護施設理事長・施設長を経験した先生から見て、厚生労働省が現在推進している施設の小規模化、家庭的養護化の方向性にどのようなお考えをお持ちですか。

先日、大学卒業後アメリカで三〇年間生活して帰国された人の講演を聴きました。三〇年前、アメリカでも社会的養護は九割が施設で、里親は一割程度であったらしいのですが、今は逆転して、一割が施設、九割が里親に替わっているという話でした。それは、施設育ちの場合成人しても家庭を作れないことが多いから方向性を変えたということでした。

児童養護施設出身の子は「言われないと動けない」、「社会性に乏しい」などと言われているようです。また、自分が育てられたように子育てをしてしまうと言われています。

厚生労働省が現在進めている施設の小規模化、家庭的な環境での養育の推進に大賛成です。しかし、一番の問題はそれを担う「人」、そこで働く職員が確保できなければ絵に描いた餅になります。

福祉を学ぶ学生は星の数ほどいますが、施設住み込みの職員の募集をしても、応じる学生が極めて少ないというのが現状です。岡山県内、もしくは中国地区に、施設向けの保育者養成施設を創ることができないか、と夢を描くこの頃です。

第3章

平井《ひらい》光治《みつはる》先生からの聴き取り

インタビュアー：小林英義、藤原正範

〔平井光治先生のあゆみ〕

一九三九年五月　長崎県生まれ
一九六三年三月　立命館大学法学部卒業
一九六四年三月　国立武蔵野学院附属教護事業職員養成所卒業
一九六四年四月　大阪府職員として就職、大阪府立修徳学院（児童自立支援施設）・教護
一九七五年五月　修徳学院・主査
一九八一年四月　修徳学院・教務課長
一九八二年四月　大阪府立中央児童相談所一時保護所・保護課長
一九八七年一一月　修徳学院・主幹兼調査課長
一九九〇年四月　大阪府立いずみ学園（児童養護施設）・園長
一九九一年九月　大阪府立明光学園（知的障害児施設）・園長
一九九三年四月　大阪府精神薄弱者コロニー事業団明光ワークス・所長
一九九四年四月　修徳学院・院長（～二〇〇〇年三月）
一九九六年四月　全国教護院協議会会長（一九九七年～全国児童自立支援施設協議会会長～二〇〇〇年三月）
二〇〇〇年九月　社会福祉法人武田塾「児童養護施設武田塾」塾長（～二〇〇八年）

二〇〇三年八月　奈良県の里親として登録
二〇一一年九月　特定非営利法人「童心の会」設立

1　原点は「長崎の海」（子ども時代から武蔵野学院まで）

――先生の「あゆみ」を見せていただきました。まさに、先生の人生は留岡幸助を凌《しの》ぐほど、「一路白頭に到る」ですね。子ども一筋の人生と言っていいと思います。先生の子どものころはどうだったのでしょうか。このような人生を歩まれるヒントが、子ども時代にあるかもしれないと思ってしまいます。

あはは、八〇年近くも生きてくるとなんだかよくわからない人生で、子ども一筋ですねと言われ、そうだったかなと初めて思うような次第です。もっとも、私の場合、留岡と違って「一路禿頭《とくとう》に到る」と言った方がいいかもしれません（笑）。

私は、相当な田舎で育ちました。そこは海辺で山もあり、小さいときから、自然の中でほんとうによく遊んで育ったと思います。夏になると、小学生時代はいつも海に潜っていました。自分で水中鉄砲、いや水鉄砲じゃないですね、「ホコ」って呼んでいました。竹の節を突き通して、その穴に矢尻《やじり》にした針金を入れて、ゴムで引き絞って発射するやつです。魚を目指して「射止めてやる」と発射するのですが、ちょっとの差で魚に身をかわして逃げられます。「惜しい」、「もう少し」、「残念」、「今度こそ」と思いながら、何度も何度も魚を追いかけ、何時間も海に潜って過ごしていました。

「今度こそ」と目的のために突き進む、とにかく熱中する、そんな毎日でした。今考えても、その時間は実に貴重だったと思います。

――先生が六歳の時に終戦ですね。小学生の途中で学制が大きく変わり、新制中学校に入学されたのですね。

そうです。私は、中学から長崎市内の海星学園の中学、高校に通いました。カトリック系の学校です。我が家はクリスチャンじゃなかったけど、親戚にお医者さんがいまして、その家の息子さんが海星学園に通っていたのが影響したように思います。あの頃で、月謝が六〇〇円以上かかっていました。私はきょうだいが多いんです。九人きょうだいです。上に男二人と女二人、下に妹二人と弟二人。私はちょうど真ん中です。最近、きょうだいがいっしょになる機会があり、弟の一人が「兄貴だけ、なんで海星に行ったんか」と尋ねてきました。私は「いやー、自分で望んだわけじゃない。戦争に行く親父がおふくろに光治には勉強をさせろと言ったらしいよ」と答えました。弟はそれで納得してくれました。

小学生のときは海で遊んだ記憶ばかりだったですが、中学からは、通学の苦労を思い出します。朝六時前には、家を出ていたんです。もちろん冬もです。遊ぶ時間はあまりなかったです。もちろん、中学生になってからも、休みで家にいるときは、夏は海へ魚捕りに、冬は山へメジロ捕りに行っていました。また、砂浜で野球をよくやったのも、いい思い出です。イレギュラーが普通の浜辺で野球やっていたせいか、どんな悪コンディションのグラウンドで野球やっても平気になりました。

学校には、船で通っていました。そのころ、バスは通っていなかったのです。船は、朝六時二〇分頃に出ていました。もちろん始発便です。その船に乗らないと間に合わないんです。家から波止場まで相当距離がありましたので、毎日、家を六時前には出ていました。最近、私をその時間に送り出すのに、おふくろはさぞかし大変だったろうなってよく思います。

――お母さんのことは、先生のご著書『だるまの目、教護の心』の中にも書かれていますね。お母さんの思い出について、聞かせてください。

ほんとうにおふくろは大変だったと思います。今みたいに、電気炊飯器のスイッチ入れておけばご飯ができあがる時代ではなかったです。かまどで薪《まき》で炊いていました。私に五時半に朝ごはんを食べさせようと思うと、当然五時前には起きていなければなりません。昼間は父といっしょに仕事をし、大勢の子どもを育てながらですからね。母は、私が五〇歳のとき、息を引き取りました。私は「生あるものは滅する、死ぬものだ」と思っていましたから、親の死に直面しても、涙を流すことはないだろうと思っていたんですね。ところが、母が息を引き取る瞬間、一筋の涙じゃないですね。滂沱《ぼうだ》のごとくって言うんでしょうか、床に届くほど涙を流していました。涙を流しながら「なんで、こんなに……」と自分に問いかけながら、自分自身流れる涙に驚いていました。母との別離の悲しみが心の奥底から湧いて来たのでしょうね。母は偉大だと思い知らされました。今も冬になると、母の作ってくれた丹前《たんぜん》をパジャマの上に着て寝ています。子どもの施設でケース記録に接するたびに、しばしば子どもたちの母子関係の不幸に触れます。私自身の母子関係の幸運を思って、感謝することが多いです。

――お父さんの思い出も、語ってくださいますか。

親父は、戦争に行きましたが、無事に復員して帰ってきました。うちの親父は婿養子です。とにかく善人でした。息子の私から見て、物足りなさを感じた時期もありました。近所に法事があると、お坊さんの代役をしてお経を詠んでいたのを思い出します。父の人への思いやりに偉さを感じます。

「平井家」はおふくろの家で、商売をやっていました。いわゆる「なんでも屋」で、米から雑貨などすべてを扱う今のスーパーマーケットのようなものです。商売はうまくいっていたんだと思います。だから、私を私立学校に行かせることができたんでしょう。

――どんな気持ちで、海星学園時代を過ごされましたか。

高校に進級するとき、海星学園高校には地元の中学校からも多数入学して来るんです。地元の中学校から来た子にだけは負けたらあかん、そうでないと親に申し訳ないという気持ちだけは持っていました。「親に高い授業料を払ってもらって、町の学校に通っているんだ」という自覚はありました。「頑張らないと親に申し訳ない」という思いですね。

――先生は立命館大学の法学部に進学され、卒業後、「国立武蔵野学院附属教護事業職員養成所」に入所されています。そのあたりの進路選択について、お話ししてくださいますか。

まず法学部を選んだ理由ですが、中学校から社会見学で裁判所に行ったとき、裁判官がものすごく格好良く見えたことですね。「ああ、裁判官は格好いいな」と心底思いました。また、私の従兄《いとこ》が中央大学の法学部に行っていたことも影響したと思います。従兄《いとこ》は、司法試験のため猛勉強をしていました。それを聞いて、私も刺激され、法律を勉強しようと思いました。しかし、大都会東京のごちゃごちゃした所に行くのは嫌でした。京都は東京より近いし、静かな雰囲気があるように思い、授業料の安い立命館大学を選びました。

大学に入って一年、二年のときは、自分ながらよく勉強していたなと思います。しかし、あるとき「自分は法律には向いてない。裁判官になって人を裁くなんてことは自分にはできそうにない」と思い始めたのです。

そのうち、ふと自分には教育の仕事が向いているかも、と思い始めました。実は、父はよく仏教書を読んでいました。その影響で、私も『歎異抄《たんにしょう》』に触れる機会がありました。『歎異抄』の「善人なおもて往生を遂《と》ぐ、況《いわん》や悪人をや」という言葉が私の心の奥底《おくそこ》にまとわりついていました。また、好きだった聖徳太子の「人皆凡夫《ぼんぷ》」という言葉にも魅《ひ》かれていました。自分の内面に未練、こだわり、自己中心性が見え、人間の醜悪《みにく》さに自己嫌悪に陥ったこともありました。救いを求めて寺院めぐりをしました。そのようなことが、法律より教育へという思いにつながったような気がします。

また、私は、高校時代、近所の子どもを集めて、いっしょに勉強したり、遊んだり、よく面倒を見ていました。そのような体験も、教育へ、という思いを後押ししたように思います。しかし、残念なことに、私は大学で教職関連の科目を取ってなかったんです。私にはそんなぼんやりしたところがあります。教育者を希望しても教師になることができないのです。

そんなある日、法律の専門雑誌『受験新報』に掲載された「国立武蔵野学院附属教護事業職員養成所」の研究生応募の記事が目に留まりました。「教護」という言葉は初めて見る言葉でしたが、「教」の字があるからおそらく教育に関係した仕事なんだろうと思いました。「教」という字に魅かれて、そこを受験することにしたんです。教護院などという施設はまったく知らなかったですね。そこが非行の子どもを教育するところだということさえ知らずに、ということです。

しかし、入所してから、ほんとうにいいところに入ったと思いました。子どもといっしょに暮らしながら教育する、それはとても素敵なことであることを実感しました。しかも、武蔵野学院の職員養成所は授業料がかからなかったんです。私も、もうこれ以上親に迷惑はかけたくないという思いがありましたから、とてもよかったです。授業料が掛かるなら入ってなかったと思います。

――先生がいらっしゃった当時の「武蔵野学院附属教護事業職員養成所」の様子をお聞かせください。具体的な体験をお話しいただけるとうれしいです。

養成所では、まず研究生（当時、養成生を研究生と呼んでいた）の仲間が良かったです。卒業後も毎年、武蔵野同期会を行い、快い交流会がいまだに続いています。私は、営利を目的とした仕事より、公共性の高い子どもの教育に関わるような仕事に就きたいと考えていました。研究生の皆も、私と同じように養成所は『人生の命題《めいだい》』を見つけられる所であると考えていたように思います。

当時、養成所では、研究生の私たちが子どもの授業を担当していました。結構大人数のクラスでした。

ある日の授業中、ある一人の生徒と視線がぶつかり、途中で私のほうが視線を逸《そ》らしたんですね。その子から見ると「私が眼を付けた」と思ったのでしょうか、パッと飛び掛かってきたんです。それで取っ組み合いになりました。どちらかがどちらかを投げ飛ばすところまでいかないうちに、寮長がやって来て止めてくれたので、大事に至らずに済みました。

この体験が養成所時代で一番鮮明に記憶に残っています。最初、なんで彼が飛びかかって来たのか、よく分かりませんでした。視線を逸《そ》らしたのがいけなかったんだろうか。おそらくそんなことだろうと思っていました。しかし、よく考えると、その前があることに気づいたんです。「あっ、そうだ、私が彼の寮にいたとき！」。実は次のようなことがありました。寮で、その子は私に腕相撲の挑戦をしてきました。私は、当時、腕に自信があったもんですから、簡単にその子をやっつけたんです。その子はその寮で一番腕力があると思われており、本人もそう思っていたのでしょう。研究生に勝ってさらに格を上げたいと思っていたのかもしれません。非行の子どもには力への憧れがあるということをつくづく感じた一場面でした。

もう一つの出来事を思い出しました。千葉出身の子が、寮のほかの子といっしょに無断外出をしてしまいました。結局、千葉の自分の家に戻っていることがわかり、「引き取りに行って来い」と言われ、研究生の私が職員に付き添って迎えに行きました。彼の住まいは家というようなものではなく、牛小屋のようなものでした。まだ日本全体が貧しい昭和三〇年代のことでした。彼の家に比べると、武蔵野の寮はずいぶんいいところです。なんでこんな家に帰りたいんだろうか。そんなに親に会いたかったんだろうか。そんなことを考えました。いまだに忘れられない強烈な体験です。

不思議なことに、非行の子が怖いとか、いっしょに生活するのに抵抗があるとか、そういう気はまったくありませんでした。ただ、このようなところをなぜ選択したのかなと不思議さを感ずることはありました。武蔵野学院は、研究生にとって決して楽園ではありません。毎日子どもと対峙《たいじ》する生活で、わからないことも多く、面白くないことだってあります。ただ、私はやめるほど嫌だと思ったことはありませんでした。

それには同期の仲間の存在が大きかったと思います。私と同期の研究生は一一名で、途中で一名辞め、一〇名が卒業しました。非常によくまとまった同期生でした。いっしょに歓談し、スポーツをし、体を動かし、また研究生同士でよく酒を飲みました。夏には、飲んで酔っ払って、プールに泳ぎに行くこともありました。寮長からは「お前ら、それだけはやめろ。心臓麻《ま》痺《ひ》を起こしたらどうするんだ」とひどく叱られました。今考えれば、ほんとうに結構無茶なことをしていたように思います。

当時は、武蔵野の研究生は個室でなく一室二～三人の共同部屋でした。今考えれば、それもよかったと思います。五右衛門《ごえもん》風呂を自分たちで沸かして入り、相撲をとったり、酒を飲んだり、歓談したり、集団生活をエンジョイしました。もっとも、私の場合きょうだい九人の大勢の中で育ちましたから、集団生活は平気でした。今の武蔵野の養成所は個室生活と聞いていいます。一般の普通の生活が少子化で個室生活の人が多く、やむを得ないでしょうね。

――武蔵野の生活は一年間でしたね。その先の進路はどのような形で決まったのでしょうか。

武蔵野の養成所では、半年くらい経った時期になると、修了後どうしようかと、一人一人が考えるようになるんです。実は、私は、大学四年生のとき、武蔵野の養成所の試験を受けましたが、同時に、いくつかの県の職員採用試験も受けていました。ふるさとの長崎県の上級職試験にも合格しました。それで、武蔵野にいるとき、長崎県の福祉部長さんがわざわざ訪ねて来てくださったんです。「長崎に来いや、試験に合格しているんだから、来てくれんか」という話でした。ただ、そのとき、私は教護の仕事に惹《ひ》かれていたんです。部長さんは「長崎にも施設がある。長崎でやってくれたらいい」と言われました。ところが、私は武蔵野の養成所を出て、長崎でなく大阪の修徳学院を選びました。

当時の決断をよく覚えています。武蔵野学院の青木延春院長から話があって、私ともう一人、大阪府立修徳学院の希望者がいました。青木院長は、それではじゃんけんで決めろということで（笑）。でも、じゃんけんで決めたわけではないんです。「私のほうが先に言ったから行きます」と強く主張し、結局そうなりました。長崎県の部長さんには「大阪で数年勉強しますので、それからお願いします」と返事をさせてもらいました。しかし、その後ずっと大阪から動かなかったわけですがね。悪いことをしたと思っていました。数年後、研究生から希望する人がいて、長崎の施設に就職したと聞き、ほっとした記憶があります。

――当時の研究生は、卒業後児童福祉の専門職として就職する人が多かったですか。

そうです。中沢健さんという方を除いて、全員が教護院に就職しました。中沢さんは障がい福祉を志望して国立秩父学園に就職しました。後に厚生省の専門官になり、一〇年ほど障がい福祉を担当しました。ところが、五〇歳のときに役人を辞めて、マレーシアに渡り現地の福祉事業の推進役になり、それから二〇数年も経ちました。

もう一人、海外に出た人がいます。浅野邦章さんで、最初は教護院に就職したのですが、その後東京都の教員になって初島など離島に勤めました。浅野さんは、最後にはケニアの日本人学校の校長になりました。

一〇人いた同期生のうち、すでに三人が亡くなりました。

2　体当たりの実践（修徳学院の教護として）

――先生の修徳学院での最初の仕事は、どんなものでしたか。

私が就職したとき、修徳学院にちょうど観察寮ができました。その寮の助手となりました。修徳学院の助手の第一号です。新入の子どもばかりを相手に、午前は寮内で学習、午後は作業やスポーツでした。入所まもない時期ですから、子どもたちは不安定で、頻繁に無断外出がありました。私は、自転車に乗っては捜索に出かけていました。二、三時間探し回ることは常でした。

無断外出したある子を警察に引き取りに行ったときのことです。その子は「家に寄って、父に会ってから学院に戻る。でないと帰らない」とごねるのです。「どうしようか」と迷いました。寮長に電話で相談すると、「家に立ち寄ると学院に帰れなくなるから、そのまま連れ帰ってください」という返事でした。そこで、その子に「寮長先生が家には寄らないで帰るよう言われたから、帰ろう」と声を掛けると、ごねていた子が何も言わずスッと立ち上がり、素直にいっしょに学院に帰ったのです。本当にびっくりしました。毅然《きぜん》とした姿勢が重要であることを学んだのでした。

無断外出した子の捜索や引き取りなどいろいろなことはありましたが、毎日は仕事をしているというより、子どもと共に作業したり、スポーツに興じたり、遊んだりして一日を過ごしているという感覚でした。毎日が楽しく充実していました。

寮長は渡辺英信先生で、夜はいっしょに酒を飲むことが多く、飲んでは教護談議に花が咲きました。ときには隣の寮の緒方力先生（後に義理の兄になる）が加わり、いっそう盛り上がっていました。すべてが楽しい人生教室だったと思います。

――観察寮というのは、どういうものだったのですか。

観察寮は、新入の子どもを受け入れて、施設に馴致《じゅんち》させることとその子の性格や問題性がどんなものかを、生活を通して判別するところです。寮長夫婦に心理職と助手の四人体制でした。新入の子は観察寮で生活し、そこで寮学習や作業をしました。少し慣れると、学習時間は普通寮の入所児がいる本館学習に参加するようにさせました。スポーツなど行事も普通寮の入所児といっしょでした。しかし、作業だけは観察寮でさせました。観察寮で一か月程経過すると、子どもの生活の安定度を見て、判定委員会に諮って、もっともふさわしい寮を決定し、そこへ転寮させました。判定委員会は院長、課長、係長、心理職、観察寮の職員から構成されていました。

当時、男子寮は、小学生寮、知的障がい児寮、スポーツ寮、作業寮、学習寮の五つに分かれていました。スポーツ寮はスポーツの得意な子が対象、学習寮は学力の高い子が入寮しました。子どもの問題性や特性に応じた分類処遇《ぶんるいしょぐう》をしていたのですが、科学性の導入という点でよい試みであったように思います。

私が修徳学院に就職する昭和三〇年代前半には、無断外出が毎年三〇〇件以上ありました。職員が捜索や引き取りに忙しく、寮で落ち着いた指導ができないと言われていました。ところが、観察寮を設置した後、無断外出が激減しましたね。

このように新しいものを次々採り入れるというやり方は、修徳学院ならではのものですね。小舎夫婦制という教護院の基本的な形を壊さずに守るという、本質を大切にするある意味保守的なところもありますが、同時に、全国に先駆けて心理職を配置するなど時代の流れに沿って必要なことをすぐに取り入れるという進取性もあったのです。

——先生は、観察寮の後は、どういうところで仕事をされましたか。

観察寮にいたのは一年だけでした。翌年は強制寮で、そこに一年いました。強制寮というのは、無断外出を繰り返したり、施設内で問題行動を繰り返したりする、非行度の高い子どもを、一時的に自由を制限して入寮させるところで、家庭裁判所の審判が必要です。したがって、この寮の子どもは鍵の掛かる閉鎖的な部屋で生活し、外に出ることが許されるのは作業のときだけでした。職員は寮長夫婦と助手の三人体制で、職員は寮舎から離れることができませんでした。

――観察寮、強制寮の後は、夫婦寮での勤務になりましたか。

私は強制寮の助手をしているとき結婚し、その翌年度から夫婦寮を持つようになりました。二〇歳代で寮長になりました。早かったと思います。私は、修徳学院に就職したとき、将来必ず夫婦寮をやろうというほど強い気持ちは持っていませんでした。しかし、修徳学院に入った職員は遅かれ早かれいずれ夫婦寮を持つようになるという一つの流れがあり、私もその流れに乗っていったように思います。

夫婦寮に入って、子どもと生活を共にしていると、子どもに教える立場なのですが、子どもから教えられることが実に多いです。寝て起きて、子どもと学び、作業をし、スポーツをして汗を流す、こんなごく普通の生活をしながら給料をもらえるという仕事はほんとうに素晴らしいし、ありがたいとよく思いました。そのような気持ちは退職した今でもずっと残っています。

――夫婦で寮を持たれるということは、先生のご意思だけでなく、ご伴侶のお考えが重要ですよね。

そうです。しかし、私の妻の場合、姉たち全員が教護の妻で教母として働いていました。結婚前、妻は長野県松本市の聾《ろう》学校の保母をしていました。そこは寄宿舎制で、子どもの生活の支援をしていました。教護の仕事をしている人を結婚相手として求めていたと聞いています。したがって、妻は、修徳学院に来ることに何の抵抗もなかったと思います。それにしても五人姉妹全員が教母というのは珍しいです。父親が教護院に勤務していた影響ですが、娘全員が跡を継いだ父親というのは本当に偉いと思います。婿五人の中で私だけが生前の父に会っていないのですが。

後年、妻が娘に「父は私を愛して結婚したのでなく、夫婦制の相棒として選んだ」と話したことがあるようです。それを教えてくれた娘に私は「結婚したということは、仕事の相棒だけでなく愛していたということだよ。外国映画のように『アイ・ラブ・ユー』と言えたらいいけど、愛という言葉は重くて簡単に言えないよ」と話しました。

妻は子どもと関わる仕事をしていましたので、修徳学院の仕事に抵抗はなかったようです。また、姉が大阪に居たり、兄が奈良に居たりで、長野から大阪に来ることも抵抗はなかったと思います。

妻は、修徳学院に来た最初の頃、「私は知的障がいとか身体障がいの子の支援のほうが向いていると思う」と言っていました。障がいの子どもからは温和な反応が返ってくるので安心感がある、非行の子は、人間関係がある程度できるまで心を開こうとせず、難しいですからね。

妻は聾《ろう》学校の寄宿舎の実践で学んだ方法で、まず相手を好きになることを心がけ、年齢の低い子とはいっしょにお風呂に入り、いっしょに寮炊事をし、子どもの方も妻によく懐いていました。しかし、中学生寮を担当したとき、ある子が「遊びに行ってきます」と何食わぬ顔で声を掛けるので、「行ってらっしゃい」と送り出すと、そのまま無断外出してしまうということがありました。これは今でも忘れられない出来事のようです。また、寮では、喜ばせようと思って出した食事を「まずい」、「気に入らない」と苦労して作った者の気持ちを逆なでする言い方をする子が多かったです。修徳学院で、妻の心の負担は大きかったと思いますよ。

——先生ご夫婦は、ご自身のお子様を修徳学院の夫婦寮で育てたのですよね。子どもさんたちの状況はどうだったのでしょうか。

そうです。夫婦寮で子ども三人、男一人に女二人を育てました。私は、親として子どもは自由にのびのび育ったらいいと思っていました。私は長崎の田舎育ちでしたので、親から厳しく言われることはなく、私自身の進路も自由に選択してきました。私も子どもに対して何か一方的な圧力をかけることはしなかったつもりです。

しかし、子どもからすると、そうではなかったのかもしれません。子どもにとっては、夫婦寮での生活そのものが圧力になるわけです。「いい子でないといかん」という思いがいつもあったと思います。とくに、思春期になって大人への反抗心が芽生えても、両親の仕事上迷惑は掛けられないと思い、また何か言いたいことがあっても両親に余裕がないので我慢するしかないと思い、良い子でいるしかなかったのでしょう。残念ながら、親のほうはそのときは子どもの気持ちに気付きませんでした。ずいぶん後になって分かったんです。

私が寮の生徒を注意する度に、子どもと話すと、子ども三人は「自分たちは言われなくてもちゃんとせなあかん」と思っていたようです。最近、そういうふうによく言われます。我が子には問題はないと思っていたけど、実際は無理をさせていたのですね。子どものそういうところを推し量ってやることができなかったことを反省しています。

――我が子と非行の子どもが同じ敷地、同じ屋根の下で生活するという夫婦寮のやり方は、教護や教母本人たちは、この方法がいいと心意気を感じていると思います。しかし、一般の人は「非行の子たちと一緒に生活させて本当に大丈夫なのか」と思うでしょうね。その点はいかがですか。

それはそうでしょうね。私たちは仕事だから覚悟ができていますが、子どもには、よその子どもといっしょに暮らすこと自体が刺激の強いことだと思います。子どもは、小さい頃、寮の子たちが非行をして入っているということは知らなかったでしょうが、その集団が醸《かも》し出す雰囲気というものがありますからね。

私の子が小さい頃、寮の子どもグループの中によく顔を出し、そのことでその場の雰囲気が和《なご》むということがありました。しかし、成長するにつれ、寮の子どもたちのところに来ることはなくなりました。何かを感じたのでしょうね。息子は、小学生のころ、寮の子どもたちといっしょによく草刈りをしていました。今考えると、プラスの面もあれば、マイナスもあっただろうと思います。

先輩からこんなことを聞いたことがあります。「寮舎の子どもが職員の子どもを可愛がるときは、その寮の職員と子どもはうまく行っている。逆に、いじめているときは、寮舎がうまく行っていない」と。本当にそのとおりだと実感します。寮の子どもたちが私の子にどのように接するかは、寮の子ども集団の状況を推し量る目安になりました。しかし、目安にされた我が子はたいへんだったでしょう。寮の子どもばかりに目を向け、我が子を忘れていたと思いますね。

――先生夫婦の寮にいた子どものことで印象に残っているエピソードがありますか。

いっぱいありますが、やはり子どもの無断外出をめぐる思い出が多いですね。無断外出の一番多かった子は一七回でした。連れ帰っても、連れ帰ってもすぐに逃げるんです。次第に私もむきになってきて「なんで逃げるんだ」と叱ります。しかし、冷静に考えると、子どもなりに逃げる理由があるんです。教護・教母との関係からというより、むしろ子どもグループの中の軋轢《あつれき》が大きいのです。しかし、若い頃、そこまでの見極めはできず、ただただ「なんで逃げるんだ」と嘆くばかりでした。

観察寮を担当していたときで、暑い夏だったと思います。逃げて青森まで行った子がいました。やっとの思いで連れ帰り風呂に入れたと思うと、その風呂場の窓から逃げたんです。そのときは、さすがにガクンと来ました。

また、私が風呂に入っているとき、妻が「生徒がおらんようになった」と言ってきたことがありました。私は急いでパンツだけはいて、その子を追いかけました。高井田駅まで行ったとき、妻が服を持って来てくれました。しかし、逃げた子は、待てど暮らせど駅に来ないんです。後でわかったことですが、その子は、私が風呂から走って出ていくのを見ていたそうです。それで自分から寮に戻る気になったようで、結局一人で帰ってきました。無断外出して自分から帰って来たのは、その子のほかもう一人いただけです。普通は、捕まるまで帰って来ることはないですね。

こんな思い出もあります。夏の昼寝のとき無断外出した子たちを探しに行くと、施設近くの神社にいたんです。「こりゃしめた」と近づくと、脱兎《だっと》のごとく階段を走り下りました。それを追いかけ、必死に「こら、止まらんか」と大声を上げると、全員がぴたっと止まったんです。かえってびっくりしてしまいました。事情を聞くと、寮を飛び出してどこかに行く気はなかったらしく、たまたま煙草《たばこ》が手に入ったので、そこで一服していただけだったんですね。

――無断外出の思い出は生々しいですね。施設での生活により大きく変化した子はいましたか。

まだ世間で家庭内暴力が話題になるより前に、家庭内暴力が原因で入所してきた子がいました。その子のことが思い出に残っています。この子は、お母さんが高校生の時出産した子でしたが、祖父母はそれを本人に隠して自分たちの子として育てました。本人は知らないけど、周りの人たちはよく知っていることです。小さいときは何ともなかったけど、中学生ころから荒れて、祖父母に暴力を振るうようになりました。最初、養護施設に措置されましたが、その施設で不適応になり、教護院に移りました。いわゆる非行タイプの子ではありません。しかし、「こうすべきだ」という建前ばかり言う子で実行力に欠けていました。寮のほかの子はそこを見抜き、「お前は口先ばかりだ」と軽視し排斥《はいせき》していました。

私は、この子には自分の決めたことを最後までやり遂げる体験をさせることが必要だと考えました。観察寮の前に一〇〇メートル位坂のある周回路がありました。その子にこんな提案をしてみたのです。「周回道路を一日一〇周から始めて、毎日一周ずつ増やして一〇〇日続けてみないか。やり遂げることで君は大きく成長すると思う。男になれるぞ」と。彼は「やります」と言い、翌日から取り組むことになりました。彼の体がランニングに慣れるまで、私も伴走することにしました。「体が慣れてくると楽になる。そこまではやり抜く気持ちが大切だ、頑張れ」と励ましました。始めたのがちょうど梅雨時でしたが、少雨の日も、汗だらけになって走りました。

幸いにもこの努力が報いられる日がやってきました。運動会のプログラムにマラソンがあり、いつも駅伝部の選手が優勝していました。監督は日本体育大学出身で選手たちに猛練習を課し、駅伝部は大阪府の大会で入賞するほどの力でした。その運動会のマラソンに彼も出場することになりましたが、駅伝部員と競争するのは不安そうでした。私は彼に「勝つ秘訣《ひけつ》を教えるからそのとおり走れ。いいか、君は夏の暑い中を走り込んだ。駅伝部の連中は君ほど走っていない。最初おそらくスローペースで走ると思う。君は最初から飛ばせ。今の君ならきっとそのまま走り切れる」とアドバイスしました。彼は力強くうなずきました。そして、私が教えたとおり最初からスピードを上げ、途中駅伝部員に追い上げられましたが、それをかわして見事優勝しました。「先生、勝ったぜ」と私に走り寄ってきた彼の喜びと自信に満ちた姿は、私の脳裏に今でも深く刻まれています。後で、彼は駅伝部員から「なぜ最初からあんなに飛ばすような馬鹿

な走り方をした」と文句をつけられたが、「平井先生の策や」と言うと皆引き下がったという
ことでした。

彼は、施設を退所してしばらくして結婚し、奥さんを連れて遊びに来たことがありました。
奥さんは姉さん女房で彼を支えており、いい伴侶に出会ったなと思いました。しかし、次に
あった彼からの連絡は「妻が病気で亡くなった。修徳学院に入れられたときの心境です」と、
とても沈んだ声でした。その後、彼と会いいっしょにお酒を飲んだことがあります。「先生と
飲めるとは思ってもいなかった」と喜んでいました。

――退所後、付き合いの続く子もいるんですね。

そうです。こんな子もいました。食べ物の盗みで入っていた子です。非行性はそれほど進ん
でいなかったと思います。性格は素直でした。退所後私立高校に進学し、その後自衛官になり
ました。

次に再会したとき、彼は自衛隊を辞めソビエトとの貿易の仕事をしており、ソビエトの女性
と国際結婚し夫婦の間には男の子が一人いました。私は彼の家族を招待し、いっしょに酒を
飲みました。そのとき彼はこんな話をしました。「父親が飲み歩かず給料を家に入れておれば、

ひもじい思いから盗みをすることもなかったし、施設に入ることもなかった……しかし、そんな父も深夜勤務が多く、そのことで自分の出生をめぐって、祖父の子ではないかというような変なうわさが流れ、辛《つら》かったんだろう」と。彼を担当していたときそのような事実はまったく知らず、もちろんケース記録にもそんなことは書いてありませんでした。いっしょに生活しながら子どもの深い気持ちを知らずにいたことを自己反省しました。ただ、こんなことが語れるようになった彼の成長に安心しました。少し苦い思い出ですね。

そうそう、当たり屋稼業をしていた子も忘れられません。私が修徳学院から児童相談所に移ってからのことです。私の勤めていた一時保護所に「〇〇って子、知っとるか」と大分県のある警察署から電話がかかってきました。「知っています。以前、修徳学院にいたことがあり、私が担当していました」と答えると、警察官は彼がタクシー相手に当たり屋をしたと言うんですね。タクシーを降りるとき、自動でドアが閉まりますね。そのとき閉まるドアに靴を当てるんです。そして「この靴、高いんや、どうしてくれるんや」とすごんだそうです。その子は修徳学院にいるとき、すでに体重が八〇キロくらいあり、蛸《たこ》入道のようなごつい奴でした。あの風貌ですごまれたら、確かに恐喝は成立するだろうと思いました。全国を回って恐喝行脚していたらしいのです。警察でも頑として名前を言わなかったらしいですが、指紋照会で修徳学院にいたことがわかり、連絡してきたのでした。修徳学院にいたときも、しょっちゅう無断外出して車を盗んで乗り回し、あるとき、奈良の辺りで野菜満載の小型トラックを盗んで、その野菜をたたき売っていたのです。しかも、その金で煙草を買い込んでそのトラックで乗り付け、寮の子どもたちにばらまいたという話まであります。

いろいろな子どもを思い出しましたが、当時の子どもたちは、確かに破天荒で、度外れの悪さをしましたが、妙に人懐っこく、憎めなかったですね。

――夫婦寮を担当しておられると、休暇などなかったでしょうね。健康管理もたいへんだったのではないですか。

そうですね。勤務表では夫婦別々に休むようになっていましたが、勤務表どおりに勤務することなどなかったですね。二四時間、寮の子どもといっしょに生活であり、同僚は夫婦であり、相互の打ち合わせや調整もなく、阿吽《あうん》の呼吸で生活し仕事していました。それでも不自由だと感じたことはなかったです。むしろそれが良かったですね。

ただ、妻の教母のほうは教護の留守中、寮の子ども集団の面倒をみて、教護が子どもたちを叱った後雰囲気を和らげるような対応をして、とたいへんな負担だったと思います。

健康管理は大切なことです。汗を流し、心を整えようと、毎早朝、五キロくらい学院前の大和川の土手を走りました。喜寿を迎えた今でも、この習慣は続いています。今は、我が家から王寺町の達磨寺までのジョギング五キロですが。

寮長として子どもたちといっしょに生活していると、いつもスカッとさわやかな気分というわけにはいきません。叱ったり、怒ったりすることが多いです。その気持ちを切り替え、朝、顔を合わすときにはさわやかな気分でいきたいと思っていました。それで、子どもが起きる前に走るようにしたのです。参禅を始めたのは、少年期に読んだ雑誌にあった『木下尚江と狂犬の対峙の物語』を読んだとき、「胆力を付けるには参禅が良い」と書かれており、それが記憶に残っていたからです。もともとは月二~三回達磨寺に車で行って、参禅していたのですが、三八歳のとき、感じるところがあり、自分の足で走って行って一〇〇回は参禅しようと決意しました。その目標は二年半で達成しました。冬のある日、雨に濡れて真っ裸になって座禅している隣の部屋で、力強く読経して励ましてくれた和尚の声は忘れられません。元気をもらうことができたと爽快な気分になりました。不思議と風邪はひかなかったです。参禅によって、寮の子どもたちに気分や感情で対応してしまう自分の未熟さを見つめ直すこともできました。

ジョギングも座禅も、ほんとうに心身の健康にいいですよ。

――精神面を鍛えることが必要だったんですね。

仕事がどんなに苦しくても、ぶつかっていく前向きなところがあれば、克服できるような気がします。しかし、それは決して精神論でなく、小さいときの生き方、子ども時代の生活に原点があると思います。私の場合、子ども時代、とにかく自然の中で夢中になって遊びました。それが、大人になってからの私の力になっています。最近の人が弱いのは、大自然の中での活動が非常に少なくなっているためではないでしょうか。最近、大相撲の横綱はモンゴル勢ばかりじゃないですか。彼らは、小さいころ、草原で馬に乗って走り回っているのです。すごいと思います、日本人はかなわないですよ。

――夫婦寮の事実上の二四時間勤務は、批判されることが多いですが、やはり必要なことでしょうか。

夫婦寮の仕事は勤務でなく、里親みたいなものだと思います。里親には労働者としての勤務形態は関係ないですね。まさに家庭であるわけです。この施設の小舎夫婦制はそのようなものだと思います。確かに公務員ですが、だから労働者であると考えると仕事が成り立たなくなるように思います。まさに今社会的養護の問題になっている事柄ですが、里親がファミリーホームをやるときは労働条件が問題になることはないが、施設がグループホームを運営しようとすると、職員交替制で勤務時間が問題になります。

私は、家庭的雰囲気で起居を共にし、継続性、一貫性のある温かい関係性を作ることが、子どもを人間として成長させると確信しています。ただ、いろいろと批判はあります。昭和四〇年代後半のことですが、労働組合の活動家だった職員が修徳学院に赴任してきたことがありました。彼に、修徳学院の勤務は継続八時間労働と同一労働同一賃金の労務管理上の問題があると厳しく指摘され、また、「小舎夫婦制で職員と子どもの一対一の関係がうまくいけばいいけど、相性が悪かったらどうするんや」と処遇面の問題も指摘されました。

私は、この施設の子どもたちは人と人との基本的信頼関係が形成されていないと考えています。したがって、他人の良さ、悪さを取捨選択し、その中で人格形成することができにくいのです。職員交替制ではいろいろな大人と関係を作らないといけないので、そのときどき相手に合わせた言動を取ることを余儀なくされます。甘い職員にはごまかし、厳しい職員には形だけ従順にふるまうというように、場当たり的な姿勢になります。固定した大人と基本的信頼関係を形成する体験を重ねることがより先決だと思います。その中で愛着が形成され、そこから初めて他人の長短が理解できるようになり、互いに信頼し合える人間になる。

私たちは、休暇は夫婦いっしょに完全に取れる代替制度を導入し、住み込みの小舎夫婦制は堅持することを決心しました。最初、批判していた彼も、後に夫婦で寮を担当しましたよ。

――夫婦寮の実践を通して、先生ご自身お考えにどんな変化があったでしょうか。

二〇代で、寮の助手をしているとき、私は、子どもたちの兄貴のような姿勢でいました。また、遊び仲間みたいな感じで毎日接していました。それが、寮長になると今度は「俺について来い」と指導してやろうという姿勢に変わりました。子どもより早く起き、掃除をいっしょにし、スポーツも作業も子どもに負けないようにし、まさに率先垂範を心がけました。野球やソフトボールをするとなると桜の木に吊《つ》るしたタイヤでバッテング、サッカーをするとなるとグラウンドのバックネットに円を描き、そこを狙って蹴り当てる練習をしました。子どもが起き出す前にやっていましたよ。

三〇歳の頃でしたか、ある実習生から「寮長って何ですか？」と質問されました。私は、型通り寮長の仕事や立場について説明していましたら、彼の疑問はそういう意味ではなかったんです。寮長のいる前といない場合での子どもたちの行動の差が大きいのが気になり、「（子どもたちは）寮長の前でこんなにきちんとするのはなぜか」と質問したのでした。実習生は、寮長の権威というか重みというか、そういうものを感じていたようです。私は「率先垂範、子どもには負けないよう努力している意気込み、気合だな」と答えました。しかし、実は私自身その答えに不満で、「寮長がいないときにきちんとやれる子どもこそ本物だ」と思ったのでした。

そのことがあり、「子どもの主体性ある生活とはどういうことだろう」を考えるようになりました。しかし、その実践は難しいことでした。こどもの集団は不安定で、寮内ではいじめ、無断外出、喫煙などが頻発《ひんぱつ》します。注意する、叱る、の繰り返しで、日常は主体性ある生活とは程遠い状態でした。私自身が主体性というものをわかっていないと子どもから突き付けられる思いでした。

三〇代前半のこの時期、達磨寺に行って参禅を繰り返していました。『随所に主になる』という和尚の講話に触れ、それを頭に置いて座禅に励みました。八時間も座禅を続けたこともありました。「苦しい場所、行きたくない場面に進んで身を置いているか？」と自問すると、「否」の自答がありました。先輩から、寮の子どもを愛すること、信じること、耐えることが重要であると教えられ、自分でもそうでないといけないと思っていましたが、実際には、問題を起こした子どもを前にすると「主となる心境」にはなれません。ただ、座禅を通して子どもの心の深奥《しんおう》の悩みに触れよう、子どもの話に耳を傾けようという思いが強くなりました。

ちょうどその頃、三〇歳代後半のことですが、夫婦で観察寮を担当することになりました。

すでにお話ししましたが、観察寮は、新入の子を馴致《じゅんち》させ、その性格や行動を観察することを目的としています。指導するというより、ゆったりした雰囲気にすることが大切です。寮長の思いを押し付けることなく、子ども一人ひとりの心を見つめる実践が求められます。知らず知らず、しっかり子どもの声に耳を傾ける姿勢になりました。不思議なことに、子どもたちは「この人は自分の話を聞いてくれる」と思ったのか、注意や指示に素直に従ってくれました。これは、新たな大きな発見でしたね。

聞くことは、相手が自分を認めて、心を開いて、初めて自分の指示を聞いてくれる。「与える事は得る事である」という政治の要諦《ようてい》と同じですね。子曰く「六十にして耳順《じじゅん》」。この言葉は、私にとっていまだに努力目標ですが。

3 新しい児童福祉の現場で（一時保護所・児童養護施設・知的障害者施設に勤めて）

――その後、先生は修徳学院から転勤される時期が来たんですよね。どこへ移られましたか。

児童相談所の一時保護所の課長でした。五年七か月もいました。いまだに最長の一時保護課長ではないかと思います。妻は、しばらく修徳学院に残っていましたが、後に大阪府立の養護施設「いずみ学園」に移り、その後一時保護所にいたこともあります。いずれにせよ、就職して初めて、夫婦で修徳学院の外に職場を移したのです。一七年も世間から隔絶されていましたので、最初は、「通勤定期券はどうやって買うんだろうか」、「そうか、知事の証明書が要るんだ」とか、頓珍漢《とんちんかん》なものでした。

――当時の大阪府の児童相談所一時保護所の雰囲気はどんなものでしたか。

その当時の一時保護所は、子どもの平均保護日数が三週間ぐらいだったです。もっとも早い子は一日で出ますし、長い子は二か月くらいいました。幼児から中学生まで、子どもたちはさまざまな問題を抱えており、子ども集団の雰囲気は日々コロコロ変わります。常時、二〇人くらい入っていて、年間では四〇〇人ぐらいになったと思います。

――一時保護所から修徳学院に行く子どももいますよね。また、どういう子が修徳学院に措置されていましたか。

教護院に措置される子もいましたが、やはり少ないですね。修徳学院に行くような子と言えば、一時保護所では指導に乗りにくい、指導に従わない、集団の雰囲気をこわすなど職員は大変なわけです。二〜三人なら何とかなっても、そういう子が四〜五人になると、一時保護所全体がおかしくなります。しかし、そういう子を修徳学院に入れ、二〇日ほど経って連絡してみると、結構素直に指導に従い、落ち着いて生活しているというんです。外に出て、修徳学院の指導力をすごいなと初めて認識しました。「枠のある生活」というものが効果を発揮するということですね。

児童相談所のケースワーカーが、児童養護施設と児童自立支援施設のどちらにしようかと迷ったとき、よく意見を求められました。それはケースワーカーの考えることだよ、と答えるようにしていましたが、私自身は、その子が普通の学校に通うことができるかどうかが決め手になると思っていました。児童養護施設では、子どもたちはその地域の学校に通うことになりますからね。ケースワーカーが迷いに迷い、いよいよという段階で、私の意見を言わせてもらうことはありました。

――最近、児童自立支援施設に入所させるにも、保護者の同意が取れないで困るという話をよく聞きますが、当時はどうでしたか。

ほとんどのケースについて、ケースワーカーが親の同意を取っていたと思いますよ。親の同意が難しかったということで、一つ覚えているケースがあります。校内暴力を繰り返している小学生でした。その親が施設入所に同意せず、そのままになったと記憶しています。

必要なことは、ケースワーカーの力でしょう。最近の児童相談所のケースワーカーの力が、非行ケースに限らず落ちているという話をよく聞きます。最近のケースワーカーは、周囲のいろいろなことを気にしなければならないので、判断が遅くなるように思います。非行の子どもへの対処は、迷わず素早く対応するという姿勢が必要です。

――一時保護所にお勤めされ、教護院時代とは違う面で、学ばれたということがありましたか。

そうですね、多くのことを学びました、一時保護所の課長の期間は長かったですから。勤務を始めた最初の頃、職員研修の多いところだと思いました。教護院では、毎日の実践が研修のようなものです。毎日毎日、子どもがさまざまな問題を提供してくれますので、それへの対応は実地研修のようなものです。一時保護所では、児童相談所の枠内ですが、学術的、体系的な研修を実施します。自らを相対化し、客観的対応力を身に付けるためには、このような研修が必要なのです。

また、一時保護所では、子どもの在所期間はわずか三週間ほどなのに、その間に職員はケースワーカーと二～三回、心理職と最低一回、その他学校の教師、保護者など多くの人と会って、考えをぶつけ合います。一時保護中に、子どもたちはいい方向にも悪い方向にも変化します。一人一人の子どもの変化を見つめながら大人が関わって何が最善かを見極めていくケースの進め方に、大きく目が開かれました。

修徳学院時代の私の課題であった「(子ども自身の) 主体性のある生活」と教護院という施設の持つ「枠のある生活」との調和について、より深く考えるきっかけになりました。私が修徳学院のみで過ごしていたら、井の中の蛙《かわず》になっていたように思いますよ。

――一時保護所にしばらく勤務されて、再び修徳学院に戻られたのですね。

そうです。修徳学院調査課長として戻りました。調査課長とは、子どもたちの入所の窓口の仕事をします。また、施設全体の統計資料を集約するような役割もありました。

一時保護所では、修徳学院には子どもに対する指導力があると実感していたのですが、いざ修徳学院に戻ってみると、職員の姿勢が体験主義であり、感覚的、主観的な動きをしているなと思いました。生活中心の施設ですから、ある程度内向きになることはやむを得ないと思います。しかしこのままでは駄目だと思い、外部の声を入れて子どもの指導について客観的に考察してみることが必要だと考えました。それまで年間二〜三回しかやっていなかったケース会議を、月に一回にしたのです。ケース会議には、施設内からは調査課長、担当寮長、学科指導員、ほか外部から児童相談所ケースワーカー、出身校の教員などが入ります。月一回の開催は多くて負担だと思った職員もいたと思いますが、修徳学院は一二か寮もあるのですから、各寮年一回しかないわけです。ささやかな改革に過ぎなかったと思います。

――小舎夫婦制の運営が内向きの姿勢を生むんでしょうか。

そうですね。家庭舎ですからその中に生活と自治があり、外部の声の入りにくさがあります。しかも、寮の子ども集団の状況、例えば無断外出とか、寮内での問題行動の発生とか、そのような事態にその都度対応しなければならないですから、夫婦寮の職員は外部研修など外との交流の機会を逃してしまうことも多いのです。このような点は、組織としてカバーし合う体制を作らないといけないでしょうね。

調査課長時代、私は、寮の職員の意欲が高まるよう行事の活性化に努めました。職員と子どもがいっしょに夢中になれるような企画を考え、部活動を奨励しました。各寮舎もよく訪問しましたよ。私が若いころの大槻敏郎院長は、夜になると「酒あるか？」と訪ねて来ては上がり込んで寮長の話を聞いていました。当時、私は何と酒の好きな院長だろうと思っていたのですが、自分が管理者になってみると、寮に入るのにいかにも監視に来たという雰囲気ではまずく酒を口実に軽く訪ねるというのがいいということがよくわかりました。寮長夫婦との気軽なやり取りがあって初めてその寮のことがよくわかるのです。

また、そのような取り組みを通して、なぜか情報がたくさん集まる寮があるということが発見できました。自然に、その寮に足を運ぶことが多くなります。どうしてあの寮ばかりに入るんだろうという批判もあったかもしれませんが。

――二年半の修徳学院勤務の後、また外に出られましたね。

府立の養護施設、いずみ学園に一年半、精神薄弱児施設（現在、知的障がい児施設）、明光学園に一年半、いずれも施設長として赴任しました。その後、府立施設から民営化された精神薄弱者コロニー事業団の明光ワークスの所長として、一年間勤めました。

――児童養護施設はいかがでしたか。

まず、児童養護施設ですね。仕事を終えて帰るとき、子どもに「さようなら」と声を掛けると、子どもから「帰るんか」という声が返ってきました。「さようなら」と言ってくれないのです。一瞬戸惑いますが、「自分たちは帰れないのに、園長は帰る所があっていいいな」という心の声を感じ、心が痛みました。修徳学院は住み込みで子どもといっしょに生活していたので、私には子どもたちの気持ちはよくわかりました。

私が赴任した当時、その施設のある中学校は荒れた雰囲気で、授業中落ち着いて学習できないような状態でした。当時の校長が、その中学校の卒業生であったということもあり、学校の立て直しに精力的に取り組んでいました。しばしば保護者会が開催され、「生徒の学習意欲を高めるためには」、「落ち着いた学校にするためには」というようなテーマを決め、一〇人ほどのグループに分かれて何度も話し合いをしました。私もその会に出席しました。その成果はやがて顕著に現れ、次第に学校全体が落ち着いた雰囲気になりました。教員と保護者が信頼関係を結び、協働すれば、まず子どもが安心し、学校は変わるのだということを目の当たりにしました。

施設の子が学校で「施設の子」といじめられ、学校に行かなくなるということもありました。そのことを施設から担任教師に伝えたところ、ホームルームで「親から離れて生活することがいかに大変か」ということを取り上げてくれました。そのことから、その子に友だちができ、無事学校に通えるようになりました。児童養護施設の仕事から、学校教育と家庭教育の協働の大切さを、身をもって学ぶという貴重な体験ができました。

――知的障がいの子どもの施設はいかがでしたか。

知的障がいの子どもの施設での勤務もたいへん勉強になりました。この世界は、保護者の会がとてもしっかりしており、親の亡きあと子どもをどうするかということを真剣に考えておられるのですね。その熱心さにはほんとうにびっくりしました。

修徳学院に勤めているとき、ある知的障がいの子どもがいました。私が最初に担当した寮の子で、草刈りしたり、ソフトボールしたり、いっしょに風呂に入ったこともありました。その子は、修徳学院を退所後私の赴任した知的障がいの施設に移りました。私が施設長になる二〇年も前のことです。

私が赴任したその施設の保護者会にその子のお母さんが出席されていたので、驚きました。退所して一〇年以上、保護者会の活動を続けて来られていたのです。私は、修徳学院にいたことを話題にするのはどうかと迷いましたが、ほかの保護者の方がいない場面で、そっと「修徳学院の寮で○○君を担当していた平井です」と声を掛けましたが、お母さんは私を覚えていませんでした。しかし、翌日、「帰って子どもに、平井先生って覚えている？　と尋ねたら、覚えてるよと答えた」と電話を下さいました。その子の知能は相当低かったと記憶していますが、こんなに昔のことを覚えていてくれて、ほんとうにうれしかったです。

――障がいの施設では、民間施設の施設長も経験されていますね。この施設はどういう雰囲気でしたか。

府の事業の運営主体が民営化される流れの中にありました。この施設も、その中で事業団経営となりました。労働組合から「福祉の切り捨て」と厳しく責められ、反対運動が起き、たくさんのビラが撒《ま》かれました。施設長として厳しい局面も多かったですが、職員一人一人は仕事上ではきちんとけじめをつけ、大人の対応をしてくれました。振り返ると、たいへん心地よい職場だったと思います。

施設の中では知的障がいの子どもたちの社会自立のための訓練を一生懸命やっていました。一人一人の子どもの在所期間は二～三年でした。スポーツが盛んで、特にソフトボールをよくやっていました。全国大会での優勝を目指して、禅寺で合宿してその近くのグラウンドで猛特訓をしたことがありました。おかげで全国優勝しました。

4　教護院から児童自立支援施設への移行の中で（修徳学院院長時代）

――その後、先生は修徳学院の院長として、三度目の勤務となったわけですね。戻られた修徳学院はいかがでしたか。また、まず取り組まれたことは何でしょうか。

修徳学院は、私の初任地であり、大好きな職場でもあり、故郷に戻ったという気分でした。どこかの県の施設長に「何も悪いことをしていないのに、何で俺が教護院長か」と嘆いた人がいたらしいですが、私は張り切っていました。まずは、『修徳学院創立九〇周年記念誌』と『みかえりの塔それから』を編集したいと思いました。間近に創立九〇周年が迫っていました。私まで一四代の院長がいますが、その院長ごとに九〇年の歩みを把握する作業を始めました。修徳学院は、一貫して、小舎夫婦制を貫いてきました。いろいろやり方は変われどその点だけは不変です。非行の子どもたちは愛のある温かい家庭に恵まれていない、それ故夫婦小舎のやり方がふさわしい、これが共通する思想です。

しかし、細かく調べると、長い歴史の中でそれが揺らぎ、妥当かどうかの議論がなされていました。

最初は、昭和二〜三年、設立から二〇年近く経った頃に、アメリカの同種施設に「非行少年の処遇はどのような形態がいいか」という問い合わせをしています。その回答は「コテージ方式が良い」でした。

二度目は、昭和三二年頃で、戦災孤児の大量入所により無断外出が年間三〇〇回を超えるほど施設が荒れていたという背景がありました。職員は、子どもの捜索、引き取りの業務に時間を取られ、指導どころではなかったようです。しかし、このころ、武蔵野学院附属教護事業職員養成所出身の若手職員である緒方力（義兄）、宇円田勝弘、宮崎忠雄、牧野正嗣らが中心になり、「科学的処遇」を提案しました。分類収容制の導入、観察寮の設置、心理職の採用、判定会の実施などです。この改革により、子どもたちの生活は次第に安定していったようです。しかし、この新しい制度も小舎夫婦制の基本の上にあるということを確認しています。

三度目は、昭和四八年頃です。職員の労働条件に目が向けられた時代であり、この時期に全国の結構多くの施設が小舎夫婦制をやめ交替制に変更されました。労働組合からの労働条件をめぐる突き上げが強かったです。また、大学から来た実習生から、実際のケースへの関心より「休暇は？」「勤務形態は？」と労働条件に関する質問をよくされました。

修徳学院の職員は「三水会」という会を結成し、毎月第三水曜日に集まって子どもの処遇と職員の勤務の問題について研究しました。その結果、小舎夫婦制を堅持して寮担当職員が院内に居住することを確認し、夫婦職員が共に休日を取れるようにし、その代替として男女一組の職員を配置するという制度を作りました。寮舎の処遇の一貫性、継続性が重要であり、何より子どもといっしょに生活することが大切であることが共有されたのです。

また、このころから、修徳学院の職員が児童相談所のケースワーカーとして週四日出向し一日のみ施設で勤務するという、全国でおそらく唯一だと思いますが、施設と児童相談所双方の業務を兼ねて行う「兼務制度」を導入しました。この制度は、児童相談所と施設の情報交換を密にし、非行の子どもへの対応のスキルを向上させるという大きな効果がありました。残念ながら全国に広がることはなかったですが。

――『創立90周年記念誌』と『みかえりの塔それから』の編集はどうなりましたか。

私はいろいろなことを思いつきますし、考えたことを推進しようとするのですが、本の編集はしたことがなくその能力がないと思っていました。それで、そのような能力を持ち合わせている後輩の桜木東亜雄さんに、彼はほかの施設に勤務していたのですが、頼み込んで修徳学院に戻ってもらいました。この二つの記念誌と全国教護院協議会の『教護院運営ハンドブック』

が完成できたのは、彼の存在があったからです。非常に感謝しています。

『みかえりの塔それから』の編集の過程で、教護院退所後頑張って自立を果たしているのに教護院出身であることが知られて仕事を替わらざるを得なかったという話を聞きました。この記念誌の編集は、苦労して社会的に自立した人、そのために努力している人に光を当てたいという一心で取り組みました。

――院長時代、先生は「最善の利益委員会」を立ち上げられたと聞いています。

そうです。子どもの最善の利益を守るにはどうしたらいいかを、児童相談所など外部の人にも入ってもらってグループを作り、検討を重ねました。その結果、子どもに適正な生活指導を行うためのガイドラインを作ろう、最善の利益に関する処遇検討またそのための研修を実施しよう、広く子どもの人権に関する学習をしよう、という方針が立てられました。

最善の利益とは子どもの権利条約にある言葉ですが、教護院の「枠のある生活」の中でそれをストレートに採り入れることには慎重を要します。私が三〇代の時に悩み、一時期寮内が混乱してしまったような事態を生じる可能性があります。

教護院にとって「枠のある生活」は必要です。人には皆、美しさ、醜くさ、素直さ、執着心など様々な心が内在しています。醜さや執着心を抑制し、美しさ、素直さを発揮して生活するためには、成長のための「枠」（ルール）がいるのです。まして、他人を尊重して共に生きるためには、強い意志が必要です。施設の生活は、子どもたちが相互に尊重し合うことにならなくてはならず、そのためには弱い子の思いに焦点を当てたルール作りを考えていくことが必要です。「枠」が必要であるとして、その「枠」の内容、出来上がり方が問題です。力による「枠」ではなく議論して築き上げた信頼による、自他ともに尊敬し合える「枠」を作ることです。そのためにはたいへんな努力を要しますが、主体性のある子どもを育てるため、どうしても挑戦しなければならないと思いました。

少年院が「中ではいいが、外へ出るとすぐにぐちゃぐちゃになってしまう」と批判されるようですが、修徳学院も関係機関の人たちから同じようなことをよく言われました。「修徳学院の子は仮性の適応だ」と。確かに、施設にいるとき学業、スポーツ、作業のどれをとってもよくやっていた子が、退所して半年か一年で駄目になることがあります。指摘されるとおりで反論できません。しかし、内心は「親元の一〇数年の生活で身に付いたものを、わずか一～二年で完璧に変えろというのか。施設で一生懸命頑張っていたというだけで価値がある。退所後の社会の受け入れこそ問題ではないか」という思いもありました。

――先生の院長在任中に、調査課を企画調査課に変更したとお聞きしましたが、その意図は何だったのでしょうか。

調査課の主たる任務は、統計資料の作成や管理、関係機関との連携、調整、社会一般への啓発などでした。しかし、この課は、以前私が課長をしていましたので、よくわかるのですが、施設のあらゆるデータが集まってくるところです。それを生かして、施設の過去と現状を把握するだけでなく、将来に向けて施設をどうしていくかを考えてほしいと思ったのです。調査という言葉だけだと少々後ろ向きで、企画という言葉を加えることにしたのです。大阪府に課名を変更したいと言うと、簡単に受け入れてくれました。その成果は、大いにあったと考えています。

修徳学院は、長い歴史の中で、基本、本質を堅持しながらも、いつも時代に誠実に向き合い、真摯《しんし》に対応してきたと思いますよ。

――院長時代の苦労話を聞かせてくださいますか。

そうですね。一番残っているのは、若い職員の何人かが、勤めだして早いうちに辞めたいと言ってきたことですね。別の生き方をしてみたいと辞めていった職員がいましたが、私にはその気持ちは理解できませんでした。

夏のランニング練習中、子どもが熱中症で命を落としたことがありました。指導していた職員は、責任を感じて辞職し、仏門に入りました。これが、院長としてもっとも苦しい思い出です。

何より院長として気を配ったのは、小舎夫婦制の要である寮担当者の「やりがい」を支えるための配慮でした。そのために、行事や部活動など子どもと職員一体で行う活動に力を入れました。

――先生は、修徳学院長の任期中、全国教護院協議会の会長を務められましたね。どういう経緯があったのですか。

はい、四年間、全国教護院協議会（略称：全教協）会長を務めました。修徳学院長になって、半年経ったときです。決して私が手を挙げたわけではありません。私の前の会長、岡山県立成徳学校の叶原土筆先生、副会長の東京都立誠明学園の内藤博先生の推薦があったのだと思います。大阪府の大きな施設の長だからできるだろうし、やってほしいということだったのではないでしょうか。

――ちょうど、その時期は児童福祉法の大改正の時期でしたね。

そうです。とにかく頻繁《ひんぱん》に厚生省に行きましたね。児童福祉法改正で、教護院の名称が問題になりました。私自身は、「教護」という言葉が好きでした。国語辞典にも、教護は「非行少年を教育すること」と載っています。「児童自立支援施設」という名称は、従来この施設が果たした目的や役割を表現したものではないと思いました。当時、子どもに限らず自立支援は福祉界の大きなテーマでした。養護施設部会の人たちからは「いい名称に変更しましたね」と羨《うらや》ましがられましたが、私としては「喜びもまだ半ばなり、おらが春」という思いでした。

ご存知のように、この施設は、感化院から少年教護院、そして教護院と名称が変わってきました。怖い施設、暗い施設というイメージが付きまとい、子どもの自立や保護者の理解の妨げになっていると言われます。しかし、私には、名称を変えたからと言って、レッテル張りがなくなるとは思えません。

むしろ、児童福祉法第四四条の「不良行為を為し、又は為す虞《おそ》れのある児童を入所させて」という条文のほうが、よほど問題です。施設の名称には入所原因となった行為でなく、この施設の機能を書き込むべきである、と思いました。この施設は、小舎夫婦制を基本に、生活を通して生活指導、学習指導、作業指導を一体として、全人《ぜんじん》教育を目指してきたという伝統があります。第四四条を「生活、学科、作業の一体とした指導を要する児童を入所させて」というように改正するのがいいと考えました。

しかし、法律の条文を変えるのは簡単なことではないのです。不良行為という言葉については法務省、学科指導は文部省、作業指導は労働省にそれぞれ意見を求めることが必要で、最終的には関連する法規との整合性を検討するため法制局に上げられます。結局、それまでの第四四条に「家庭環境その他の理由で生活指導等を要する児童」という言葉が追加されたことで決着しました。

――児童福祉法四八条の学校教育の導入については、どのようなお考えですか。

この問題についても、いろいろ考えるところがありました。教護院では、生活指導と学習指導は一体であると考え、取り組んできました。厚生省は、この法改正に関して、当初それまでの「準ずる教育」を維持するつもりであったと聞いています。厚生省は、「準ずる教育」も公教育であると解釈していたようです。それが、日本弁護士連合会の出した意見書の影響が非常に大きく、厚生省の姿勢が変わってしまったのです。

かつて長野県波田学院の宗像守雄院長は、生活指導と学習指導の関係を「不即不離」と表現しました。実は、宗像院長は私の義父です。私もまったく同じ考えであり、義父と同じ考えであることをうれしく思いました。生活指導と学習指導は一体として行われるべきであると、今でも確信しています。

学校内暴力、家庭内暴力など子どものさまざまな問題は、家庭と学校との連携、協働の欠如に原因があります。この施設の生活指導と学科指導の一体的な取り組みが一般社会のモデルになることを期待します。

この法改正前、教護院の世界では「施設内に学校があるのはどうなんだ」と言われていたのが、改正後「施設内に学校教育が入っていないのは、どうなんだ」と言われるようになりました。しかし、施設内の学校設置が円滑に進んだわけではありませんでした。

施設に学校教育が入るとき、施設職員と学校教員が連携協働し「(子どもと) 共に」の精神を大切にしなければなりません。各施設に分校や分教室が設置される中で、残念ながら、全人《ぜんじん》教育が薄められているような危機感があります。

——法改正のとき、この施設の対象に不登校の子どもを加えるかどうかが、週刊誌で報道され政治問題になりましたね。

そうそう、きっかけは不登校の子どもの親の会からの「不登校は非行ではない。非行の子と同じ施設に入れるのか」というクレームでした。当時の小泉純一郎厚生大臣は、国会で「不登校児は入れない」と答弁しました。教護院はもともと「不良行為を為す虞《おそ》れのある児童」が対象でした。改正後は環境上の理由で生活指導を要する子ども対象になったわけですから、この施設に不登校の子どもが入所しても何ら問題はなかったと思います。それを週刊誌がセンセーショナルに報道したのです。しかし、後日、この週刊誌の編集部は訂正と謝罪の記事を掲載しました。どういう事情があったかは知りませんが、このような対応は珍しいことだと思います。

——先生の全教協会長時代は、地方の教護院の多くが、大きく定員を割った状態であったと思います。

それは大きな問題でした。大阪の修徳学院は、幸い、子どもの数は多かったですが。全国的には子どもが少なく一〇名を割っているところもありました。そういう施設でも職員数は多いわけですから、政治家から「無駄だ。役割を果たしていない。要らない施設だ」などと責められました。

入所の人数の多いベスト一〇を取ってみると、小舎夫婦制の施設が九つで、交替制はわずか一つでした。ワースト一〇の一〇施設は、すべて交替制でした。交替制での運営では非行の子どもへの指導は難しく、効果が上がらない施設であるとして児童相談所など関係機関の信頼を失ってきたのだと思います。ただ、全国の状況をつぶさに見ると、ある年に入所数が一〇名も増加した施設がありました。事情を聞くと、その県の児童課長が非行問題に熱心であったということでした。施設をどう活用するかについては、行政の姿勢も大きく関わっているのだと思います。全教協の会長として、厚生省に各県の行政を指導してくださいと頼んだこともありました。

――先生が会長であったとき、児童自立支援施設の子どもたちの海外交流を実施されたとお聞きしました。

そうです。海外研修体験でニュージーランドに行きました。厚生省の高木義明局長が骨を折ってくださいました。教護院が児童自立支援施設に変更された機会に何か大きな事業ができればいいなと思っていました。その時期に資金提供してくれる事業団が現れたのです。子どもたちを海外で研修させたらどうかと言ってくれました。ニュージーランドに一週間くらい行くことになり、私も同行しましたが、日本にいるときと違って外国ではゆっくりくつろぐことができ、「将来ここに留学して勉強したい」と言い出す子までいました。帰国後、その施設の職員にその話をすると、「あの子がそんなこと言ったなんて信じられない」と驚きました。若い子どもには新しい体験は刺激になるのですね。この研修は五~六年続きました。

この経験から、私も海外に目が開きました。退職後、私は「日中友好幸せ学校」という元「アップリカ」の葛西健蔵会長肝煎《きもい》りの事業で、中国の工読校《こうどくこう》（日本の児童自立支援施設に類似）と交流をしました。中国の施設は大舎で、地域によって運営の方法は異なりましたが、どこも共通していたのは施設長の任期の長さです。ほとんど一〇年以上で二〇年に達する人もいます。また、施設長の権限が職員採用にまで及ぶほど強いことにも驚きました。職員の心構えとして、愛心《あいしん》、信心《こんしん》、耐心《たいしん》、細心《さいしん》、尽心《じんしん》、恒心《こうしん》の言葉が掲げてありました。それを見て、日本と中国で職員の心に変わりはないと思いましたが、恒心（普遍的な精神）だけは今の日本では忘れられているよう感じ、その文字が目に強く残りました。さすが孟子の国と感銘を受けた次第です。

――それから、先生が会長であったとき、「非行問題研究会」という全国規模の集会を開催されていましたね。

「非行問題研究会」という名称でしたかね。確かに、年一回、全国集会を全教協主催で開催していました。第一回は大阪の梅田でした。この会には、教護院の関係者だけでなく、開催地の児童相談所、児童福祉行政関係者、さらには一般の人を含め多くの人に声を掛けました。大阪の集会には、一〇〇人以上の参加があり、非常に盛り上がり、先輩広野廣次先生は「教護院の研修会にこんなに人が集まったことはない。こんなに盛り上がったのも初めてだ」と言っておられました。

この施設をよく知っている人でも、この施設について最初は暗い、あるいは怖いというイメージを持つようです。しかし、実際訪ねてみると、子らの目は輝き、明るい表情でよくあいさつし、いい施設だと思うようです。この会は、施設に対する偏見を克服するため積極的に施設の側から情報発信しなければならないと思って始めたものでした。大阪に始まり、横浜市、金沢市、仙台市、京都市と、さまざまな地区の関係機関との共催で開催しました。

しかし、残念ながら、私が会長を退いた後、中断しました。私は、児童自立支援施設にとって外部に情報発信することが非常に重要なことだと考えています。

――先生の会長在任中、もう一つ大きな仕事がありました。『教護院ハンドブック』の改訂版を出版されましたね。

そうです。『児童自立支援施設ハンドブック』です。児童福祉法の改正により、施設名称を変更し、入所対象を拡大し、学校教育を導入することになったことを盛り込まなければなりません。また、児童の権利擁護を明らかにする必要があり、以前のハンドブックを改訂したのです。すでにお話ししたように、この本に改訂作業は桜木東亜雄さんの尽力のおかげです。

5　子どもと共に生涯歩む（武田塾施設長から里親へ）

――先生は、修徳学院をご退職され、半年後に民間の児童養護施設長になられました。児童養護施設と言えば、以前、大阪府の公立施設の施設長を務められたことがありましたね。

そうです。公立のいずみ学園の施設長でした。この児童養護施設の職員は大阪府職員ですから、転勤による人事異動はありましたが、施設全体の力量が年によってそれほど変動することはなかったように思います。軽い非行の子どもを受け入れる力もありました。

しかし、民間の「武田塾」はたいへんでした。施設の主力である女子職員が数年で辞めていくのです。その都度、施設の雰囲気が変わります。子どもに対する指導力が異動の度に弱くなるのを、何度も体験しました。

――しかし、「武田塾」は、先生が施設長になったように大阪府がしっかりバックアップしている施設のように思いますが。

確かに、過去の施設長にも元大阪府職員が多いです。でも、現場は、施設長でなく保育士など第一線の職員で成り立っていますからね。経験のある職員が、施設の中にある程度いないとどうにもなりません。民間施設は中間管理者の層が極めて薄いんですね。

それから、民間施設は理事会、とくに有力な理事の意向によって、さまざま振り回されることもあります。施設長の人事も理事会の専権事項ですから、施設長に思わぬ火の粉が降ってくることもあります。それは、公務員にはない苦労だと思います。

――児童養護施設をご退職され、引退しないまま、先生は里親になりました。そのきっかけは何でしょうか。

一口で言えば、「武田塾」での経験です。私が施設長をしていたとき、「武田塾」に幼児が一〇名いました。その中に親がいない子が一人、親はいるけどまったくの音信不通の子が一人いました。女の子と男の子です。この二人を除く八人は親から電話があったり正月や夏休みに家に帰ったりしていました。二人にはそういう機会がまったくなかったんですね。何とかどこかに帰属感を持たせたいといつも思っていました。それで、週末などに私の家に連れて帰るようにしたんです。いわゆる週末里親です。六年半続けました。

そのうち私がその塾を辞める時期が来ました。退職後その二人をどうしたものか悩みました。平成一五年に、私は一応奈良県から里親の認定は受けていました。

私は、仕事を通して子どもを育てる施設は小舎夫婦制による「暮らしの教育」が良いと考えていました。施設か地域かの違いはあっても、要保護の子どもといっしょに生活し育てるという形は小舎夫婦制と里親制度とは同じです。里親に定年はなく、元気である限り、続けられます。私の人生の最終章まで、里親を実践して生を終えることができたら「我が人生に悔いはなしだな」と思いました。

しかし、二人の子を里親として預かるには、家族の同意を得なければなりません。同居の娘は、週末里親で長期間預かっていた子たちなので、すっかり馴染《なじ》んでおり、賛成してくれました。妻は、私と同じように六〇代後半であり、「もう体力の限界です、無理です」と言いました。今まで私は妻に無理ばかり強いてきたという思いもあり、「俺の言うとおりにしろ」とは言えませんでした。それで「子どもが我が家に来たいと言ったら、どうか」と尋ねますと、「子どもが望むならいいよ」と返事してくれました。

私は妻に感謝し、正月帰省で我が家に来たとき、二人に訊《き》いてみることにしたのです。まずは、小学二年の男の子に、いっしょに風呂に入っているとき、「四月から塾長の家で生活しないか。学校はこちらの小学校に替わることになるけど」と尋ねてみました。週末里親で我が家にやって来ると、二人は車から走って家に入り、「こんにちは」ではなく「ただいま」と言います。私は、男の子は喜んで「わっ、来るわ」と即答してくれると内心期待していました。しかし、その子の返事は「考えさせてほしい」でした。私の予想に反していただけでなく、ずいぶん大人びた言い方でした。私はこの返答に驚きました。「じゃ、よく考えて決めなさい」と言うしかありませんでした。

二月末に、この子から返事がありました。「塾長の家に来ます」とほっとした表情で言いました。年上の女の子は「〇〇君（男の子）に合わせます」ということでした。

それで、二人とも、私が退職してすぐの四月に、私の家でいっしょに暮らすようになったのです。後日、男の子に「ここに来るのに、一番考えたのは何だったの？」と問いかけてみました。「友だちのことだった」と答えてくれました。私は、この一件で、小学二年の子に大切なことを教えられたと思いました。施設や学校の友だちと離れる、新しい土地で新しい友だちができるかなど彼には彼なりの世界があり、一つ一つが重要なことなんですね。

――いっしょに生活を始めていかがでしたか。

またまたいろいろなことを子どもから教えられることになりました。比較的長期間の週末里親を経て、私の家族にしっかり馴染《なじ》み、養育里親へと進んだわけです。里親の受け入れとしては理想形であると思いました。よく言われる「試し行為」はないだろうと考えていました。

しかし、いっしょに生活するようになった子どもたちは週末里親では決してなかった行動を見せるようになったのです。注意や指示に従わない、反抗することの連続でした。他人の家で暮らすことは子どもにとってたいへんなことなのだとつくづく思いました。里親は子どもにとっていい制度ですが、受け入れる里親には覚悟が要ります。里親の実践は簡単なことではないと思います。

――里親はやはり小舎夫婦制の施設とは異なるということですか。

そうですね。確かに異なる面があります。小舎夫婦制であっても施設では、子どもは入所すると、同じ境遇の子どもが大勢いることにまず安心し、集団の中にうまく入ることができると安定します。しかし、里親と里子は一対一、あるいは二対一の関係で、双方慣れるまで気を使います。また、施設は、一定の振る舞い方、あるいは生活習慣というのでしょうか、それが形成されており、ほかの子たちがしているのを模倣することで、それなりの生活を営むことができます。里親家庭ではそうはいきません。里親家庭での生活習慣を一つ一つ、優しく、根気強く身に付けさせることが必要です。

子どもの新しい生活への不安をもろに里親にぶつけるのが「試し行為」です。その行為によって、里親は子どもの奥深い悩みや葛藤に触れ、それに対応できるのです。しんどいことですが、これが里親制度の良い点です。「試し行為」は初期段階のことで、愛情を持って育てているといつか必ず好ましい関係に向かいます。過ぎてみればこの経過に意味があったことがわかります。この一貫性、継続性から生まれる存在の共有が里親のいい面ですね。

――里親として預かった子どもたちにどういう配慮が必要でしたか。

そうですね。週末里親のとき、普段は施設にいる子たちなので、我が家に来たときくらいはゆったりとした気分で過ごさせようと努めました。子どもたちもリラックスし、我が家での生活を楽しんでいました。

しかし、里親として本格的に預かるとなると責任を感じ、施設職員をしていたときの本性がよみがえるというか、指示や注意が多くなり、指導する姿勢になるんですね。時々自分でも気づいて、これはいかんと思いました。そして、私の態度がそのようになると、子どもたちは抵抗するようになります。その抵抗があまりに激しいと、その行動自体がその子の「問題」によるように見えて来るんですね。子どもからは私がどう見えているでしょうか。きっと私に何かを確認したいという気持ちではないかと思います。

子どもとのやり取りを見ていた私の娘に「お父さんは子どもに施設流で接している」と言われました。そこで初めて「そうだな、私は子どもにきちんとした生活を要求している。（週末里親のときと同じように）ゆったりした気持ちで生活させないと」と気づきます。私の態度を反省し子どもへの接し方を改めました。子どもたちにはそれが伝わったようで次第に落ち着いてくれました。

　里親の基本は、ごく普通の家庭の柔らかい生活ルールで行くことであり、指導ではないんですね。しかし、この実践はそんなに簡単なことではありません。岡山の成徳学校長であった叶原土筆先生から「良い里親とはどんな里親ですか?」と尋ねられたことがあります。私は、「子どもをうまく指導して、きちんとした生活をさせているのが良い里親というわけではないと思う。子に対して、存在して無きが如く、無くて在るがごとく、自然体の関係で『感化《かんか》』できる存在になれたらいいと思います」と答えました。施設では、子どもを指導し、きちんと生活させなければ、評価されません。しかし、里親は結果が良ければそれでいいという結果オーライの考え方では駄目な気がします。生活の場ですから、「感化《かんか》」力《りょく》が求められると思います。

　先日、大阪で世界里親大会がありました。参加していた日本のある里親さんが「一生懸命里子を育てたが、うまくいかなかった。失敗を申し訳ないと思っている」と発言しました。それに対して、アメリカから参加した里子体験者が「花が咲かなかったとしても、あなたが種を撒《ま》いたということは間違いないことです」と言いました。この言葉は、私の心に深く残りました。人の一生が失敗か成功かなんてことは、その人が死ぬときにわかるということですね。

――里親のご経験を通して、改めて施設をどう思いますか。

預かった男の子の週末里親のときの体験です。我が家で一～二日過ごして施設に帰ったとき、あと五〇〇メートルで施設到着という段になると、「帰りたくない」と泣きじゃくるんですね。ところが、施設の玄関に入り、職員を見ると、「ただいま」とまったく平気な、普通の顔であいさつをします。私は、その直前泣きじゃくった彼の姿はいったい何だったんだろうかとその差の大きさに愕然《がくぜん》としていました。子どもには施設では絶対に見せない顔があり、わからない心があるんだと思います。

わずか三歳の子どもなのに、施設がいくら嫌でも自分の運命を受け止めなければならないという思いで施設にいるのです。しかも施設の大人にはそれを知られまいと必死になっている。児童福祉に従事する者は、この子どもの心の深奥《しんおう》を知り、それを癒《いや》すために努力しなければならないでしょうね。

――先生のお話をお聞きし、里親と施設の違いがよくわかりました。里親は、施設の職員と違って孤独の中で頑張らないといけないのですね。

そうですよ。家庭の中で起きていることは、外の人には言いにくいですね。それは里子のほうもそうでしょう。我が家の男の子は、小さいうちは友達を家によく連れてきていました。ところが、年齢が上がるにつれ、そういうことをしなくなるんです。我が家の表札は「平井」で、子どもの姓と異なりますから、抵抗があるのでしょう。

里親も、ほかとのつながりが何かないと、ほんとうに自分の家の中だけで悩んだり、迷ったりすることになります。この孤立を解消するため、里親会では里親サロンを開いています。里親の中だけでなく、ほんとうは地域の中で理解を得られるよう努力しないといけないのでしょう。

――先生は、里親支援のためのNPO法人を設立されましたね。先ほどおっしゃったことが、その理由ですか。

施設に勤めていた者からすると、里親の組織がもっと整備されたらいいのにという思いがあります。私も、少しでもその力になろうと、平成二三年にNPO法人「童心の会」を設立しました。ここでは、里親同士の仲間づくり、里親のスキルアップを図ること、里親の社会的認知を広げることを目指して、研修会を開催してきました。平成二七年から、ファミリーホームも開設に取り組み、何とか平成二九年四月から事業の開始ができました。まだまだこれからですが、このファミリーホームを拠点にして、目標としている事業をどんどんやっていきたいと思います。

――長時間のお話をほんとうにありがとうございました。最後に、先生が子ども一筋で来られた、そのおおもとは何だったのでしょうか。

そうですね、まずは子どもが好きなことでしょうか。幸運にも、学校を出て子どもと関わる仕事を始め、その過程で、ますます魅《ひ》かれ離れられなくなったということでしょうか。何度もお話しましたが、子どもといっしょにいるとその子どもから教わることが多く、自らの未熟さに気付き自分がもっと成長しなければと思うのです。すでに言いましたが、「子どもといっしょに生活することで給料がもらえるなんてありがたい仕事だ」と常に思っていました。

しかし、こんなふうだから周囲からは変わっていると思われているかもしれません。こんなことがありました。

学生のときのことで、アルバイトしてもらった給金をズボンの後ろポケットに入れていたのを帰省する夜行列車の中で掏《す》られたことがありました。悔しくて悔しくてその夏休みの一か月間、ほとんど毎日の夕暮れ、故郷にある高尾山に登り三～四時間岩の上に座しました。暗闇の中で自己と対決しようと決意したのでした。しかし、真っ暗闇になり、シーンとした静寂の中で怖くなり、「馬鹿野郎」とか「未熟者」とか喚《わめ》き散らしました。その声が山びこになり、一層怖くなりました。しかし、そのような自分に「まだ、まだ」という思いが募りました。こんな私をもし見ている人がいたら異様に感じたでしょうね。いとこと飲んだ席でこの話をすると「光治は人から気が狂ったと言われているぞ。こんなふうに話していると普通なのに」と言われ、二人で大笑いしました。

私は、このような行動は、私の心の中の執着心《しゅうちゃくしん》から来たものだと考えています。若い頃、井上靖の『天平の甍《いらか》』を読んで、鑑真和上の意志の強さに惹《ひ》かれました。「意志の人」であると思いました。阿倍仲麻呂は日本に戻れなかったが、鑑真和上は日本に来ることができた、この事実から「意志の人」という感がありましたが、後で私は「運命の人」であると思うようになりました。

また、私は、達磨寺を毎日のように訪ねているというお話をしましたが、その寺の和尚に「木鶏《もっけい》」の揮毫《きごう》をいただきました。「木鶏《もっけい》」の意味と達磨《だるま》の「無功徳《むくどく》、廓然無聖《がくねんむしょう》、不識《ふしき》」の三つの言葉を尋ね深めましたが、「未だ、至らず」でした。

こんなふうに、私は、歴史上の人物からさまざま導いてもらったような気がしています。鑑真和上は五回失敗し、六回目に渡日を実現しました。達磨は七転び八起きです。この二つを合わせて、私は人生を諦めないことを「五六七八の教え」と呼んでいます。

私ももう喜寿を迎えました。私の今の生活は、まさに児童自立支援施設の仕事で身に付けた、流汗《りゅうかん》の毎日です。今でも、早朝の三キロ程のランニング、毎日一時間以上の畑での農作業を続けています。「一日不作《なさざれば》、一日不食《くわず》」です。すべて仕事で身に付けたことのおかげと感謝しています。

第４章

小林英義の語り

施設の子どもと学校教育

インタビュアー：藤原正範

――小林さんは、児童福祉の研究者として、一貫して施設の子どもと学校教育の問題を研究してこられました。その原点は何でしょうか。

私は、埼玉県職員として、一九八五年から二〇〇〇年までの一五年間、県立の教護院（現在、児童自立支援施設）埼玉学園に勤務しました。その施設は小舎夫婦制でしたので、私が教護、妻が教母で、私たちの子ども三人を含めて全員が施設の中で暮らしました。

埼玉学園に勤めて三年目、中学三年のA君が、家庭裁判所の少年審判で教護院送致決定となり、私の寮に入ってきました。彼は祖父と暮らしていましたが、満たされないものがあったのでしょう。相当回数の非行を重ねていました。しかし、持っている能力は高いと思われました。寮のほかの子たちと雰囲気が異なり、寮の生活になじむまでにずいぶん時間がかかりました。

本人は高校進学希望でしたし、その学力もあると思われたので、私は寮長としてその希望がかなうように様々な努力をしました。幸い、彼が籍を置く中学校は校長ほか三年生担当の先生方が全面的に彼の進学を応援してくれました。そして、先生方の進路指導の結果、本人の希望する公立高校に願書を提出しました。しかし、志願先の高校は「倍率が高いので、ほかの高校を受験したらどうか」とやんわりとした言い方でしたが、志願先の変更を再三求めてきたのです。

保護者である祖父は「教護院にいることでそんなことを言われるのであれば、ほかの高校を受験しても同じだろう」と言いました。それで、その高校への志願を変えず、受験することにしました。事前の業者テストでは偏差値が五三あり、中学校の先生たちは「十分合格の見込める妥当な志願先である」と言ってくれていました。しかし、結果は不合格でした。

ほかの子どもの例でも、私たちが施設の子の進学について相談に行くと、ある公立高校の校長が「非行の子は絶対に取りません」と平然と言うことがありました。そういう発言が、当時は問題にされない時代であったのです。三〇歳代の私はそのような高校の姿勢に大いに憤慨し、新聞に「一度の過ちで、回復する力を認めない教育体制はいかがなものか」と投書したこともありました。しかし、残念ながら、そういう声は、施設外でも施設内でもほとんど反響を呼ばなかったのです。当時の教護院職員は、非行の子どもの悪いところを早く治して地元に戻すことを最優先しており、施設の子に高校教育を保障していこうとする考えはほとんどなかったように思います。

でも、その受験に失敗したA君は、翌年、東京都内の私立高校に合格しました。業者によると「偏差値六〇」の学力レベルの高い高校でした。

私が、施設職員をしながら大学院に進学し、施設の子どもの教育保障の研究をしてみようと思ったのは、このA君の体験がきっかけでした。その後、大学教員になり、この問題が自分の生涯の研究テーマになりました。

――なるほど、小林さんが研究に取り組まれた背景がよくわかりました。小林さんが教護院の寮長をされている当時、その施設の子どもたちは学校教育を受けていなかったということですね。

そうです。当時、教護院の子どもの教育は、学校教育に「準ずる教育」でよかったのです。施設では、教職資格を持たない職員も、各教科の授業をしていました。もちろん学科教育は教護院の指導の重要な領域であり、教えることが得意な職員はいました。しかし、それは「公教育」と認められていないわけです。

したがって、子どもの学籍は、施設入所前の出身校に置いたままでした。中学校で卒業する子どもたちは、施設内で学科教育が行われていることを、籍を置く中学校に勘案してもらい、卒業認定をしてもらっていました。

しかし、施設の子どもが高校進学を希望するとなると、ハードルは数段上がります。籍のある中学校に受験に必要な内申書作成をお願いしないといけないからです。中学校に九科目の相対評価（一〇段階）をしてもらうことになるわけです。

A君の場合も、学校の先生方が協力的であったとは言え、ずいぶん苦労しました。施設で作成した作品を中学の教員のところへ持って行って「技術」の点数をつけてもらう、施設の吹奏楽部の楽器を持参して教員の前で演奏し「音楽」の点数をつけてもらうというようなことです。埼玉県は、当時、内申書の点数（九科目×一〇点）と学力試験の点数との配分が半分ずつであり、内申書は大変な重みがあったのです。

私は、教護院の子どもたちには高校進学について大変大きなハンディキャップがあり、このことが彼らの立ち直りと自立を妨げていると考えていました。

――教護院は、法改正により、現在、児童自立支援施設と名称を改め、学校教育が導入されたと聞いています。学校教育導入にはどういう経緯があったのでしょうか。

一九九七（平成九）年に児童福祉法で大きな改正がありました。第四四条の改正によって、教護院は児童自立支援施設に名称変更されました。入所対象の児童も、「不良行為をなし、又はなすおそれのある児童」に「家庭環境その他の環境上の理由により生活指導等を要する児童」が加えられました。

そして、施設の子どもの学校教育について、第四八条に「……児童自立支援施設の長……は、学校教育法に規定する保護者に準じて、その施設に入所中又は受託中の児童を就学させなければならない」と定められました。

一九四七年の最初の児童福祉法では、第四八条二項に「教護院の長は、在院中、学校教育法の規定による小学校又は中学校に準ずる教科を修めたものに対し、小学校又は中学校の課程を修了したものと認定しなければならない」と定められ、同条三項では、その教科に関して「学校教育法第二〇条又は第三八条の監督庁の承認を受けなければならない」とされました。それが、一九五一年の第五次改正では、二項が「教護院の長は、在院中、学校教育法の規定による小学校又は中学校に準ずる教科を修めた児童に対し、修了の事実を証する証明書を発行することができる」となり、三項が「教護院の長は、前項の教科に関する事項については、文部大臣の勧告に従わなければならない」と施設側の裁量がより大きい方向に改正されました。これは少年院と同様の規定です。

教護院は養護施設や精神薄弱児施設（当時の名称）などと異なり、施設長には子どもの就学義務が課されず、施設職員の行う学科指導が「学校教育に準ずる教育」と位置づけられてきました。これは、「児童自体としては教育の可能性は大いにあるのであるが、それが他の同学の児童に悪影響を与えるおそれが多いために、就学義務を猶予又は免除された者」と解されていたのです。

児童福祉施設最低基準第八四条（当時）では「教護院における生活指導、学科指導及び職業指導は、すべて児童の不良性を除くことを目的としなければならない」とされていました。

児童自立支援施設に学校教育が導入されたのは、日本弁護士連合会から出された『教護院にある児童の教育を受ける権利に関する意見書』（一九九〇年）が最も大きなきっかけであったと思います。同時にその背景には養護学校の義務教育化（一九七九年）、「子どもの権利条約」の批准（一九九四年）などがありました。

――その後、児童自立支援施設への学校の設置はどうなりましたか。

法律の改正があったわけですから、それまで施設内に設置されていなかった施設への学校の設置は進みました。しかし、この法改正から二〇年が経過しますが、いまだに学校が設置されていない施設が三か所あります（二〇一八年四月現在）。

一九九七年の第四八条の改正については、附則（平成九年六月一一日法律第七四条）第七条で「当分の間、児童自立支援施設の長は、入所中学校教育法の規定による小学校又は中学校に準ずる教科を修めた児童に対し、修了の事実を証する証明書を発行することができる」と規定されましたが、「当分の間」とは二二年もの長期を想定していなかったはずです。

このようなことになったのは、改正法制定時に、文部省と厚生省が施設内の学校設置について詰めた協議を行わなかったことが原因だと思います。現地の施設とその所管部課が、施設所在地の市町村教育委員会及び、都道府県の教育委員会と施設内に学校を設置する協議を行うことになります。しかし、児童自立支援施設の子どもの教育問題は、行政的にも教育行政的にも優先事項となりにくいのでしょう。

施設内学校の設置には、①本校方式、②分校方式、③分教室方式、の三つがあります。また、ほとんどの学校は普通学校ですが、特別支援学校（学級）を設置している施設もあります。どういう方式、種別にするかは、配置される教職員の数に大きく影響するため、極めて重要な問題です。

——施設内学校にはどんな教員が赴任して来るのですか。

これは、まさに私の研究テーマの一つでした。二〇一〇年に学校教育を実施している児童自立支援施設の学校教員に対してアンケート調査を行いました。アンケートをお願いした施設内学校の八三％から回答があり、回答を寄せてくださった教員は二六六名に上りました。類似研究はほとんどありませんので、この分野の大がかりな唯一の研究と言ってもいいと思います。

その結果は、「ペーパー①」（一六三〜一六六ページ）をご覧ください。私が特徴的だと思ったことを挙げます。

まず、施設内学校への異動が自分自身の希望でなかった教員は五八・三％です。次に、この施設の存在を赴任するまで知らなかったという教員が二四・八％存在します。よく知っていたという教員はわずか二一・四％です。この結果をどうみるかですが、やはり学校教育の専門職である教員が児童自立支援施設をよく知らず、しかも本人の希望なしに施設内学校に赴任しているという実態を明らかにしたものだと思いますね。

ただ、よく知らずに赴任した教員の皆さんですが、「早くほかの職場に異動したい」と回答した人は一二・八％しかいません。「もう少し児童自立支援施設で勤務したい」が三五・三％、「ずっと児童自立支援施設の勤務でよい」が一三・五％でした。この回答は前向きにとらえたいですね。

「ずっと児童自立支援施設の勤務でよい」と答えた人の理由ですが、第一に挙げられるのが、「ここには教育の原点がある」でした。そのほかにも「本来の学校にあるべき姿がここにはある」、「やりがいや魅力を感じている」、「自分の教育観を見直すことができる」など、似たような記述が見られました。

「早くほかの職場に異動したい」と回答した人は、経験年数が「一年未満」、「一年以上〜三年未満」と短い人が多数を占めます（計七六・五％）。「ずっと児童自立支援施設の勤務でよい」とした人は「一年未満」がゼロであるのに比して「三年以上」が四四・四％であり、また年齢が「五一歳以上」が三〇・五％を占めます。施設内学校の経験が長いほどその教育に意義を感じるということであると理解したいですが、退職の近い教員にとって普通学校より良い職場であるという認識があるとも受け取れます。「良い職場」は「気楽な職場」であってほしくないと思います。一方、若い年齢の教員には、施設内学校のような特殊な職場に長く勤めると、普通学校で通用しなくなるのではないかという不安があるのではないかと考えられます。

教育の中身のほとんどは教員の資質や意欲によると思われますので、どういう教員が施設内学校に勤めているかは、非常に重要なことです。

――教員の皆さんは、この施設の教育のこと、子どものことをどのように思っておられるのでしょうか。

引き続き、「ペーパー①」をご覧ください。

まずは、「施設で実施されている公教育が入所児童の教育保障になっているか」という質問に対する教員の回答です。「思う」七二・二％、「思わない」三・八％、「どちらとも言えない」二二・二％、「その他・記入なし」一・八％、という結果でした。四分の三近くの教員が、子どもの教育保障ができているとしたのは心強いですが、ここでは「思わない」、「どちらとも言えない」と回答した教員の意見を見ておきたいと思います。

「生活基盤（規律、対人関係、自己コントロール力等）が安定しておらず、学校・学習場面が対教師、生徒同士等のトラブルのもとを作ってしまっており、教育・学習以前の課題が多い。こうした状況で、施設に公教育が必要か疑問である」という鋭い指摘があります。ほか、「学習指導要領のしばりがドロップアウトした子どもの足かせになる場面が多い」、「一般校では特別支援教育の対象となるような子どもが、施設内学校では普通教育となるという矛盾がある」、「まったく学習に気持ちを向けようとしない児童に対して何ができるか」、「入所している児童の学力、進度に差があり過ぎて、一教員の努力だけではどうにもならない」などの指摘がありました。

次に、「日頃、指導に当たって、入所児童の何に問題性を感じるか」（複数回答可）という質問に対して、最も多かったのは「家族関係」二一・九％で、「学力」一四・七％、「子ども同士の人間関係」一三・七％、「しつけ」一一・九％、と続きます。

「家族関係」では、「家庭が壊れている」、「親から十分な愛情や教育を受けていない」、「幼少期からの育ちの家庭で欠けているものが多い」などの指摘がありました。

「学力」では、「知的な障害がある」、「学力差が大きい」という現状の下、低レベルの授業をしているとプライドが傷つけられると感じるようであり、学習指導は非常に難しいというような記述がありました。

「子ども同士の人間関係」では、「もともと人間関係を力でとらえているので、対等な人間関係を築かせるのに苦労する」、「自分にバリアを張ってしまい、他の者の話に耳を傾けるまでに相当に時間を要する」などの指摘がありました。

――それでは、施設職員さんは、学校設置をどんなふうに受け止めているのでしょうか。

引き続き「ペーパー①」をご覧ください。

二〇一三年、私は、施設内学校のある施設の職員にアンケート調査を行いました。アンケートをお願いした施設の八一％から回答があり、四五六人の職員から回答を得ることができました。

質問に答える人の基礎的データとして、児童自立支援施設の職員にも、教員と同じように「採用・異動の発令前に児童自立支援施設のことをどのくらい知っていたか」という質問をしました。教員とは異なり、よく知っていた人は五三・九％いますが、それでも知らなかったという人も一一・六％いるのです。自らが働くことになる職場が何をしている所かを知らずに赴任する職員が一〇人に一人もいるという職場がほかにあるでしょうか。少し驚く結果でした。

それで、教員に質問したのと同じ「施設で実施されている公教育が入所児童の教育保障になっているか」に対する答えですが、「思う」六九・三%、「思わない」五・七%、「どちらとも言えない」二四・三%、「その他・記入なし」〇・七%、という結果でした。この結果は、教員とそれほど大きく変わらず、施設職員の多くも施設内学校の設置を子どもの教育保障のためには良いことであったと受け止めていることがわかりました。

かつては、児童自立支援施設の子どもの学科指導は施設の職員にしかできないという声もあったのですが、学校の設置された施設の中では少数意見になっているのではないかと思います。

――それでは、施設内学校は非常に困難な仕事ではあっても、うまくいっていると考えていいですね。

そうだと言いたいところですが、いくつかの課題はあるようです。「施設で実施されている公教育が入所児童の教育保障になっているか」で「どちらとも言えない」と答えた職員側の具体的記述を見ると、その課題がよくわかります。

そこには、「教職員のやる気が見えない。やる気のある人材が来ないため子どもたちのためになっていない。保護者対応がない、部活指導がない学校という認識で赴任して来る教員がいる」、「児童自立支援施設の特殊性を踏まえた教育をしていると思えない。型通りの授業が多い。学習指導要領にのっとった内容では、個々の学力差が大きいため、対応できない子が多い」、「授業がストレスとなって暴言・暴行につながり、安定した施設生活が送れなくなっている」などの生々しい声が記述されています。

私は、この施設の子どもたちの真の教育保障のためには次のような点を検討しなければならないと考えています。

一つは、施設内学校の教育課程を柔軟にし、弾力的な取り組みを可能にすることです。学校教育という限り、必要な授業科目、授業時間を編成し、学習指導要領に基づく科目単元の内容をきちんと理解させるということが求められるわけですが、児童自立支援施設の子どもたちを一般の家庭の子どもと全く同じような方法を採るのは難しいことだと思います。ある種の特別支援学校であるという認識を持って、児童自立支援施設用の特別な教育課程を設けるべきではないでしょうか。

二つ目は、多くの職員からの声にあったように、施設内学校に赴任して来る教員の質と量の確保が必要だということです。適性のない教員がいる上、小規模学校であるため免許外の科目を担当することも多い現状です。また、発達に課題がある子が多い中で、特別支援教育の知識や技術も必要となってきます。意欲のある教員を集めてほしいというのは施設側の切実な願いでしょう。

――教育内容と教員の資質について問題があることはよくわかりました。施設面、予算面を含めて学校の運営という点では、現状はどうなのでしょうか。

非常に大きな問題があると言わざるを得ません。率直に言って、施設内学校を作ったら終わりという行政になっていると思います。

多くの施設が都道府県立であるのに対して、施設内学校の設置者は市町村教育委員会となっています。施設内の学校教育をどのように実施するかについてのモデルを厚生省（当時）は改正法制定時にまったく提示していませんし、以後、文部科学省との協議も行っていないようです。現在に至るまで、厚生労働省の態度は「現地間の協議に委ねる」という傍観的姿勢です。

そのことから、施設内学校の予算の確保、人事上の加配措置（教員だけでなく事務、養護教諭も）という教育委員会側の問題、教員と施設職員の分掌、部活動の指導、行事の開催など、学校と施設の連携・協働に関わる問題が、実施後、様々な形で現場に現れてきています。「学校は施設の下部組織であるはずがないのに、そのような運営になっている」という声もあります。「市町村立の学校という位置付けでは無理がある。すぐにでも都道府県立に改めたほうがいい」という意見までありました。

――いまだ学校が設置されていない県がいくつかあるようですが、やはりその現地の市町村教育委員会と施設との協議がうまく行かないということが原因になっているのでしょうか。

現在の児童自立支援施設内の学校の設置状況は「ペーパー②」（一六七ページ）のとおりです。いまだ設置されていない県が、三つありますね（二〇一八年四月現在）。未設置の詳細な事情まではつかんでいないのですが、その理由は、施設とその設置者（ほとんどは県）に学校設置の意欲が乏しい、施設のある自治体教育委員会が消極的である、その両者の協議が整わないなどでしょうね。法改正から二二年が経過するのにこのような状態であることは、ほんとうに残念なことです。この課題が前に進まないのは、あまりにマイノリティー（少数）の問題であり、政治的パワーの後押しがないことが影響しているとも思います。

――施設内に学校が設置されるのは、児童自立支援施設のみですか。

いえ、児童心理治療施設にも、施設内学校があります。児童心理治療施設は、二〇一六年の児童福祉法改正までは情緒障害児短期治療施設という名称で、「軽度の情緒障害を有する児童」を治療する施設でした。現在は、施設名称が変更となり、併せて対象児童も「家庭環境、学校における交友関係その他の環境上の理由により社会生活への適応が困難となった児童」と改正されました。現在、全国に五一施設（二〇一九年四月現在）があり、そのほとんどは社会福祉法人の経営です。

この施設の中にある学校は、「特別支援教育」を行う分校、分教室となっており、児童自立支援施設と比べると、教員の配置は手厚くなっています。しかし、児童心理治療施設の施設内学校と施設との連携・協働に関わる問題は、児童自立支援施設とほとんど共通しているように思います。

――児童養護施設の子どもたちは地域の学校に通うわけですから、学校教育の問題はないわけですね。

それが、そうとも言えないのです。少し前、施設職員の投稿が新聞に掲載されました。「施設には様々な発達課題を抱えた子、学力が不安な子、人間関係がうまく築けない子もいます。親身に支えてくださる先生もいれば、問題児のレッテルを貼り、施設のしつけが甘い、とみる先生もいます。施設のことを知らないため、不信感や偏見をもつ先生も多いように感じます……」と。

児童養護施設の小・中学生たちは、その地域の中にある一般学校に通学することになっています。小学校入学後に入所した子どもたちは、親と離れ、施設で新しい生活を始めるとともに、慣れない土地の新しい学校に通い始めるわけです。しかし、転入の際、施設児童が抱える問題点を挙げて、同じ学校が施設入所の子どもばかりを引き受けるのは不公平だとして、学区内の順番制でたらい回しされることがあると聞いています。また、小学校に入学したばかりの一年生が「クラスの和を乱す」として、入学早々、特別支援学級への転籍を勧められたことも聞いています。

幼児教育においても、施設の近隣の幼稚園から入園を拒否され、やむなく職員が遠方の幼稚園に車で送迎しているという話も聞きます。拒否した幼稚園には施設の子どもが通園すると、「粗暴で他の子どもに影響する」というような言い分があるようです。

私が児童養護施設（当時、養護施設）に勤務していたのは四〇年以上も前のことですが、その頃には、担当していた子が急に特別支援学級（当時、特殊学級）に移されたことがありました。その理由を聞くと、その学級の教員数を確保するための人数合わせのため、施設の子が選ばれていたということです。「児童狩り」とでも言ったらよいのでしょうか。しかし、最近聞く話も、施設の子どもについては同じような印象を抱くことが多いですね。

児童養護施設の子どもが学校で過ごしている時間帯に、教員から「（施設の子どもが）言うことを聞かないし、指導に従わないので、学校に来て説諭してほしい。できれば、学校生活の見守りをお願いしたい」という電話があるそうです。戸外への遠足への付き添い（一日）も依頼されると嘆いていました。同じようなことを学校は一般家庭には言わないはずです。施設に対しては、気軽にそういうことを言ってくるわけですね。施設の子どもたちだって、日中の指導を学校に委ねているのですから、一般家庭の子と何ら変わらないはずだと思います。

――児童養護施設の子どもたちの高校進学、大学進学はどうなっていますか。

私は、進学率は教育保障の重要な指標だと思います。児童養護施設の子どもの高校進学率は九四・八％（全中学卒業生は九八・四％）です。大学進学率は一二・三％（全高校卒業者は五三・二％）です。確かに、最近の児童養護施設の子どもは、発達上の課題を抱える子が多く、特に知的障害、発達障害が多いと思います。しかし、それを考えても一般の家庭の子どもとの差は大きすぎるのではないでしょうか。

――社会的養護の子どもたちの学校教育の課題を解決するためには、何が必要だと思いますか。

生活保護受給世帯の世帯主の学歴調査があります。大阪府堺市の調査によると、生活保護家庭三九〇世帯の七二・六％（二八三世帯）の世帯主の学歴が「中学卒又は高校中退」となっています。「学歴は、私たちの社会的な意識や考えを形づくる文化のひとつ」（山野良一『子どもの最貧国・日本〜学力・心身・社会におよぶ諸影響』光文社新書、二〇〇八年）であり、学歴と貧困が大きな関連のあることが分かります。

学力を保障されないまま、社会での歩みを促される厳しい状況が「貧困の連鎖」につながることを改めて認識させられます。言うまでもなく、基礎学力の獲得は「自立」につながるものです。社会的な視野を獲得し、自分の人生を切り開いて行く、推進力に成り得えます。これが、教育の力に期待する理由です。だから、社会的な養護で生活する子らには、何よりも教育保障が必要です。児童自立支援施設内の学校教育においても「教育形態」だけではなく、どのような「教育内容」が真の教育保障になるのか、ぜひ検証してほしいと思います。

私はかつて、地方の国立大学に教員として赴任した経験があります。教員養成課程に新しく「保育士課程」を立ち上げる際の人事で赴任したのです。この時、非常に驚いたのは、教員養成課程に福祉関連の科目が当時なかったことです。かつて、ある文部科学大臣のひと声で介護等体験が急きょ実習に組み込まれたのですが、取ってつけたような実習では、「福祉を学ばない状況」と変わりありません。私は赴任後、一般教養科目で「現代社会と福祉」を担当し、社会的養護の子どもたちの状況と課題について授業の中で紹介しました。教員養成課程には、施設児童の置かれた状況を学ぶための講座が必要です。

児童養護施設は、保護者がいなかったり親から虐待されたりした児童を、児童相談所長の判断に基づき、都道府県知事や政令指定都市の市長が公の責任で保護し、自立に向けて援助する施設です。全国に六一五か所あり、約三万二〇〇〇人の子どもが生活しています（二〇一六年一〇月現在）。

「措置児童の保護者の状況」（二〇一三年二月調査）をみると、「両親ともいない」が一六・〇％、「両親とも不明」が一・七％となっており、ひと昔前のように両親ともにいないために入所する事例は二割弱です。ほとんどの子どもには保護者が存在しています。保護者がいるにもかかわらず、その保護者の下で養育を受けることが適当ではないと判断された子どもたちが施設に入所しています。

入所した子どもたちは、今までの家庭環境から離れた場所で、新しい環境の中に突然放り出され、施設での生活を余儀なくされます。必ずしも納得した上での入所でないため、施設生活に目を向けるまでには時間を要することも多々あります。また、通学する学校区で必ずしも好意的に受け入れられない事例も見聞きします。施設には様々な発達課題を抱えた子、学力が不安な子、人間関係がうまく築けない子が生活します。不安定な家庭の中で育ち、親から突然離された戸惑いと、寂しさを抱えながら養育を受けています。

児童養護施設の子が通学する一般学校で担任や周囲の教員から今少し受容される経験を体感できれば、福祉と教育の連携もまた違った展開になるのではないでしょうか。厳しい家庭状況で養育した子らが、心を開いて自分の人生を、また様々な世の中の出来事により前向きに歩むことが出来るのではないでしょうか。そんなところにも教育の力を信じたいと思います。

かつて、児童養護施設で担当した子が新聞配達をしながら私立高校に三年間通学し、見事に卒業を果たした例を体験しました。時々、住込み店にカップラーメンを一箱差し入れに持参した頃を懐かしく思い返します。あの頃、「金の卵」ともてはやされ、中卒一五歳でほとんどが自立と称して社会に独り立ちしました。あの頃の子どもたちは今四〇代、五〇代になり、どのような人生を歩んでいるのでしょうか。

二〇一六年度に改正された児童福祉法では、第一条（児童福祉の理念）において「全ての児童は、児童の権利に関する条約の精神にのっとり、適切に養育されること、その生活を保障されること、愛され、保護されること、その心身の健やかな成長及び発達並びにその自立が図られることその他の福祉を等しく保障される権利を有する」と明確に明記されました。このことの意味合いを、関係者で共有したいと思います。

ペーパー①

施設内学校のある施設の学校教員、施設職員に対する調査結果
◉調査1：2010年6月実施　児童自立支援施設の中に設置された学校の教員266名（施設回答率83・3%）へのアンケート調査
◉調査2：2013年4月実施　学校の設置された児童自立支援施設の職員456名（施設回答率81・3%）へのアンケート調査

表1　回答者の年齢（%）

年齢	21-30歳	31-40歳	41-50歳	51-60歳	61歳以上	NA
教員	14.7	16.1	41.7	25.2	1.5	0.8
施設職員	24.5	27.9	30.4	16.6	0.6	0.0

表2　回答者の経験年数　（%）

年齢	1年未満	1-5年	6-10年	10-15年	16-20年	21年以上	NA
教員	6.4	11.3	7.5	10.5	20.7	39.8	3.8
施設職員	7.7	45.4	21.5	9.0	7.0	7.0	2.4

表3　施設への採用・異動の希望の有無　（%）

希望の有無	教員	施設職員
はい（希望した）	31.6	61.2
いいえ（希望してない）	58.3	33.5
その他・NA	10.1	5.3

表４　採用・異動の前に児童自立支援施設のことをどの程度知っていたか　(%)

どの程度知っていたか	教員	施設職員
指導内容や理念についてよく知っていた	21.4	53.9
テレビ・新聞・本などで名称を聞いたことがある程度	35.7	17.8
施設に赴任するまで知らなかった	24.8	11.6
その他・NA	18.1	16.7

表５　施設の在任期間の内規　(%)

在任期間の内規の有無	教員	施設職員
ある	24.8	8.8
ない	34.2	56.3
わからない	37.2	30.3
その他・NA	3.8	4.6

表６　異動についての今（調査時）の気持ち　(%)

今（調査時）の気持ち	教員	施設職員
早くほかの職場に異動したい	12.8	9.7
もう少し児童自立支援施設で勤務したい	35.3	30.5
ずっと児童自立支援施設の勤務でよい	13.5	24.1
どちらとも言えない	33.1	30.9
その他・NA	5.3	4.8

表７　現在の学校への教職員の配置数　(%)

教職員の配置数	教員	施設職員
多い	0.7	3.6
適当	23.7	45.0
少ない	63.2	34.4
どちらとも言えない	9.8	14.2
その他・NA	2.6	2.8

表８　施設職員、学校職員の間の連携　（％）

職員間の連携	教員	施設職員
たいへん良い	10.5	7.7
良い	42.9	28.9
普通	27.8	30.3
やや悪い	10.9	23.7
悪い	4.1	7.7
その他・NA	3.8	1.7

表９　施設で実施されている公教育が入所児童の教育保障になっているか　（％）

教育保障になっているか否か	教員	施設職員
思う	72.2	69.3
思わない	3.8	5.7
どちらとも言えない	22.2	24.3
その他・NA	1.8	0.7

表10　児童自立支援施設における公教育の体制　（％）

公教育の体制（希望）	教員	施設職員
本校	項目なし	13.1
分校	35.2	44.3
分教室	7.0	11.1
県立特別支援学校	7.8	14.8
県立小・中学校	27.8	6.6
その他・NA	22.2	10.1

表11　卒業証書の発行、調査書の作成　(%)

卒業証書の発行、調査書の作成は入所前の前籍校（原籍校）がよい	教員	施設職員
そう思う	47.4	48.6
そう思わない	10.5	5.9
どちらとも言えない	30.5	41.0
その他・NA	11.6	4.4

表12　児童の指導に当たって感じる問題点　(%)

日頃の指導に当たって感じる入所児童の問題点	教員	施設職員
体力	1.8	3.7
性格	9.7	6.6
学力	14.7	9.7
家族関係	21.9	17.6
職員との人間関係	6.7	9.1
子ども同士の人間関係	13.7	11.2
進路	9.7	9.1
非行	4.4	3.4
しつけ	11.9	6.1
発達上の課題	項目なし	20.9
その他・NA	5.5	2.6

ペーパー②　学校教育の実施状況

2018（平成30）年4月現在

実施日	施設名（都道府県・政令指定都市）	計
児童福祉法改正前	福岡学園（福岡1954）・さわらび学園（宮城1985）・児童生活指導センター（石川1986）・淡海学園（滋賀1986）・明石学園（兵庫1986）・生実学校（千葉1986）・茨城学園（茨城1987）・若葉学園（神戸市1989）・わかたけ学園（島根1990）・喜多原学園（鳥取1996）	10
1999（平成11）	子ども自立センターみらい（青森）・希望が丘学園（高知）	2
2000（平成12）	那須学園（栃木）・波田学院（長野）・三方原学園（静岡）・国児学園（三重）・仙渓学園（和歌山）	5
2001（平成13）	きぬ川学院（国立）・萩山実務学校（東京）・育成学校（山口）・斯道学園（香川）・えひめ学園（愛媛）・若夏学院（沖縄）	6
2002（平成14）	埼玉学園（埼玉）・誠明学園（東京）・わかあゆ学園（岐阜）・徳島学院（徳島）・開成学園（長崎）	5
2003（平成15）	おおいそ学園（神奈川）	1
2004（平成16）	新潟学園（新潟）	1
2005（平成17）	ぐんま学園（群馬）	1
2006（平成18）	武蔵野学院（国立）	1
2007（平成19）	千秋学園（秋田）・虹の松原学園（佐賀）	2
2008（平成20）	甲陽学園（山梨）・若駒学園（鹿児島）	2
2009（平成21）	北海道家庭学校（社会福祉法人）・向陽学院（北海道）・大沼学園（北海道）・成徳学校（岡山）	4
2010（平成22）	杜陵学園（岩手）・玉野川学園（名古屋市）	2
2011（平成23）	向陽学園（横浜市）・阿武山学園（大阪市）	2
2012（平成24）	清水が丘学園（熊本）・二豊学園（大分）	2
2013（平成25）	修徳学院（大阪）・朝日学園（山形）	2
2014（平成26）	みやざき学園（宮崎）・富山学園（富山）	2
2015（平成27）	広島学園（広島）・淇陽学校（京都）	2
2017（平成29）	精華学院（奈良）	1
2018（平成30）	愛知学園（愛知）	1
検討中	福島学園（福島）・横浜家庭学園（社会福祉法人）・和敬学園（福井）	3

（注1）全児協調査及び聞き取り調査を基に小林英義が作成
（注2）大阪府立子どもライフサポートセンター（平成15年4月開設）は、中卒後の児童を対象のため除外
（注3）学校教育は全国57施設中、54施設において実施（実施率94.7%）。

第5章

藤原正範の語り

子どもの施設の歴史から学ぶ

インタビュアー：小林英義

――藤原さんは、もともとは家庭裁判所調査官であったとお聞きしています。その時代に、同じ家裁調査官であった佐々木光郎氏と、児童自立支援施設の歴史研究の成果を「戦前感化・教護実践史」という本にまとめられていますね。どういうきっかけで、そういう研究を始められたのですか。

実は、家裁調査官の私の先輩である佐々木光郎氏は、若いころから児童自立支援施設の前身である感化院の歴史研究をしていました。全国各地の古い資料を相当大量に収集しておられました。

相当昔のことですが、私が三〇歳代のとき、裁判所の公費で日本社会福祉学会に参加することができたんですね。その学会の自由研究発表の歴史の分科会で、佐々木氏が感化院の歴史について発表されたのを聞き、非常に感銘を受けたのです。

私は、大学生のとき地元岡山県の児童自立支援施設（当時は教護院）「成徳学校」で、泊まり込みで勉強させてもらったことがありました。私はこの施設が好きで、また大いに興味を持っていました。

その学会の場で、佐々木氏に「全国の感化院のことを調べているが、なかなか西日本方面は進んでいない。藤原さんがやらないか」と言われました。佐々木氏は当時、東京勤務で、もともとは東北の人なのです。

「やってみたいです」と即答したところ、後日、佐々木氏が岡山の感化院についての資料（明治時代の「山陽新報」の記事など）を送ってくれました。こんな資料をどうやって集めたのだろうと不思議に思いました。当時、私は研究の進め方についてまったく無知だったわけです。

その後、再び、佐々木氏に会う機会があったものですから、「どうやって、ああいう資料を集めたらいいのですか」と訊《き》いてみましたが、佐々木氏は「ふふふ」と笑って、その方法を教えてくれませんでした。

考えてみて、研究の方法としては、施設に行って何か古いものがありますかと聞いて差支えないものを見せてもらうか、県立図書館などで古い資料を探すかしかないわけです。「犬も歩けば棒に当たる」の格言どおり、岡山や近辺の児童自立支援施設に行って施設長さんと話をし、また愚直に岡山や近県の県立図書館に通い詰めていると、発見があるものです。岡山県の施設については、その明治期の「備作恵済会会報」がまとまって見つかり、また香川県の施設については、初代施設長の筆書きの業務日記が見つかりました。いずれも第一級資料と言っていいでしょう。幸い、岡山、香川の施設長さんは、研究を進めることに好意的で、協力もしてくださいました。

私がこの二つの施設の歴史研究の成果をまとめ、佐々木氏の研究成果と合わせて本にしたのが『戦前感化・教護実践史』です。横浜市の小さな出版社「春風社」（横浜市）の本格的な最初の出版物として、世に出すことができました。刊行年も、感化法から一〇〇年目の二〇〇〇年にこだわりました。「春風社」がとても力を入れてくれたので、初心者の出版物としてはすごく出来栄えのいいものになったと思います。

——歴史研究というのは専門的で難しいものではないですか。

歴史研究はたいへん面白くて、物でも資料でも古いものを見つけるとその意味や意義を考えたくなるものです。誰でも簡単に歴史研究者になれます。しかし、一度定説だと言われていたものが、新たな物や資料が見つかって崩れてしまうこともあるわけで、学校の教科の記述だって変更されることがありますよね。歴史研究の成果とはすべて一つの仮説なのだろうなと思います。

特に、社会福祉の歴史のように近代以降に展開されたものは、一つの事柄についても残っている資料は膨大なものになります。どの資料をどういう位置づけでとらえるかは結構難しいです。

専門の歴史研究から社会福祉の歴史に入ってきた人、プロの歴史研究者と言いましょうか、この人たちから私や佐々木氏の歴史研究の成果を見ると、甘いところがあるようで、ときどき非常に厳しい指摘を受けます。史料の扱い方、読み取り方に問題があることを指摘され、また解釈が強引であるという批判も受けます。

しかし、プロの歴史研究者にはないものが私たちにはあるだろうと思っています。私たちは、当時、家裁調査官として日々非行の子どもと面接し、それを記録にする仕事をしていました。一〇〇年前に同じような仕事をしていた人が会報に、あるいは業務日誌に子どもたちのことを書き残しているのです。それを分析検討するということについて、私たちは絶対的な強みを持っているのではないかと思っています。

この点について具体的なお話をしてみたいと思います。一九〇六（明治三九）年の会報に掲載された感化院に勤める若い教員の「春期遠足」（五月一五日）という題の文章です。

「早う桜が咲けァえい、遠足に……先生今は何月で?」なんて、まだ梅も咲かんとんでもない時分から、楽みきつて居つたのですもの、鶯が鳴いて、ひばりが囀って、野原へはれんげやなたねの毛氈がひろげられ、山は紫と云ふ其紫に、つゝじで赤のしみが出来、公園の桜が夥しう、正宗の空瓶を製造して、もうそろ〳〵、おいとまと出掛けてをる今日此頃、毎日〳〵「先生何時?」「先生何処?」とせまられるのも、最も至極の話です。「去年の遠足は面白うなかった。今年はどこぞ遠方に行きやーえい、あの、何い、いた時があの芳嵐園へ――一番面白かった。」「のー、オイあの時酒酔が来たが、ハ、、、、。」「泰さんが泣いたが、道で、ウフ、、、、足が痛い云うて。」「ウンそー〳〵先生に負はれてワハ、、、、……ウフ、、、……」飯を食ふ度毎こんな話が出るのです。「先生早うきめて頂戴、院長に頼んで、日曜〳〵云はずに平生の日に、日曜にやいつも雨が降るんですもの。」迫られて〳〵迫られぬいて、しかたはない、「もう一ぺんだけまて、こんどの日曜に雨が降つたら、それこそ順延にするから」と云ふ事に取極めました。

この文章をお聴きになっていかがですか。どんな印象がありますか。

――弾んだ文章ですね。教員というのは、子どもとあまり年の違わない若い方なんですかね。子どもたちが春の遠足を心待ちにして「いつだ」「どこだ」とはしゃぎ回っている様子がよくわかります。当時の感化院は、こんなにも打ち解けた雰囲気だったのですか。

問題はそこです。明治期の感化院と言えば、教師と子どもの上下関係が厳しく、体罰を伴う指導も多かったと言われています。今のような人権感覚に基づいて感化教育が行われていたわけではないですから、当然そのような面があったことは間違いないでしょう。

私が大学で使っている社会福祉の歴史の教科書（金子光一『社会福祉のあゆみ――社会福祉思想の軌跡』有斐閣）の感化院に関する記述は、「（感化法の）第一義的目的は、不良少年の矯正というよりは治安を保つことで、感化院への入所を親や子どもの意思にかかわらず、地方長官が自らの職権で行政処分として行うことができるものであり、親や子どもの権利はまったく保障されていなかった」（同書 p.213）となっています。

それでは、会報掲載の教員が都合の悪いことを隠して虚構の出来事を綴っているのかと言えば、決してそんなことはないと私は思います。こんな躍動感のある表現が嘘《うそ》いつわりであるはずがなく、ここに書かれてある施設教員と子どものやり取りは実際にあったのだと思います。

当時の感化院の子どもは、「権利はまったく保障されていなかった」という面があったにせよ、多くの子の日常生活は教員が書いているような雰囲気であったのだと思います。と言って、当時の実践を素晴らしかったと褒め上げたいわけではありません。

私がここで強調したいのは、行政文書などから知ることのできる制度的位置づけから施設を理解するという方法だけでなく、実践者や子どもが書き残した記録から施設を理解するという方法があるのではないかということです。佐々木氏と私は、そういう歴史研究を「実践史」と名付けました。

――なるほど。ところで、藤原さんの最初の研究は岡山の感化院の研究ということのようですが、子どもの施設の歴史ということになれば、石井十次の岡山孤児院が非常に有名ですよね。岡山の感化院設立との接点はなかったのでしょうか。

キリスト教徒である石井十次が岡山孤児院の事業を始めたのが一八八七（明治二〇）年。岡山市内のお寺の住職で岡山監獄の教誨師であった千輪性海が岡山感化院の事業を始めたのが一八八八（明治二一）年です。大いに関係があると思います。もちろん千輪が「私の事業は石井の事業に影響を受けて始めたものである」などと書き残しているわけではないので、直接の証明はできません。

興味深いのは、石井の日誌の中に、千輪が岡山孤児院を訪問し、その際「本院凡《すべ》てのことにつきき丶糺《きゅう》して帰らる」（一八九〇年一二月一五日）という態度であったと記されています。当時、岡山孤児院は、岡山市内で相当知られる存在になっていました。そのバックにはキリスト教の広がりがありました。有力な仏教者である千輪が穏やかならぬ気持ちと使命感から感化事業を始めたという仮説は、非常に有力であると思います。

このような人の心の動きが想像できるような事柄を見つけられるのが「実践史」研究の魅力であり、これがあるからやめられないわけです。

私の話を見えやすくするため、ペーパー③（一九一ページ）を用意しました。適宜参照してください。但《ただ》し、これは私の話の補助資料であり、歴史的に重要な事柄を選択して取り上げているわけでありませんので、ご注意ください。

――その後、岡山感化院はどうなりましたか。

石井の岡山孤児院は、石井本人の大胆な発想力と事業力、多くの支援者により、発展を続けます。反面、千輪の岡山感化院は四年ほどで財政危機のため立ち行かなくなります。岡山市内を襲った二度の大洪水の影響が大きかったようです。

たいへん皮肉な話ですが、岡山市内を流れる一級河川「旭川」の東側に岡山孤児院、西側に岡山感化院があったのですが、二度の洪水の被害に遭ったのは西側でした。洪水後、岡山孤児院は職員、子ども総出で被災者支援に取り組みました。

閉鎖同然のところまで追い込まれた岡山感化院は、一八九七（明治三〇）年、「備作恵済会」という組織が運営することになり、よみがえります。「備作恵済会」とは、県知事が総理をつとめ、県の幹部、岡山市長、県下全郡長が役員をつとめる、ほとんど「官」と言っていいような民間慈善団体です。

備作恵済会感化院は、感化院の歴史の中では、一九〇〇（明治三三）年の「感化法」成立前に設立された民間の感化院群の一つになります。その中でも、財政基盤も実践もしっかりした活発な施設であったと思います。「備作恵済会会報」により、当時の実践を詳しく知ることができます。たいへん興味深いのは、「感化法」の生みの親、内務省の監獄官僚小河滋次郎が岡山を訪ね（一九〇四年七月一九日）、当時の感化院長山田貞芳と懇談し、岡山の感化院の実践を褒めたという記事です。

――現在、岡山県立成徳学校は、全国の都道府県立の児童自立支援施設の中でも、「雄」と言われる存在ですが、その歴史と関係があると思いますか。

私が調べた限り、現在まで続く児童自立支援施設でもっとも歴史が長いのが岡山の施設です。岡山感化院より早くできた民間感化院は、大阪、東京、千葉などにありましたが、現在まで続いていません。現在の都道府県立の児童自立支援施設の中で、一九〇〇年の感化法によって設立されたものは早いほうで、ほとんどが一九〇八（明治四一）年の感化法改正後の設立です。一九〇八年の法改正は、刑法改正により監獄内の懲治場（当時の非行少年の収容先）が廃止されたことで、それに伴って感化院の設立を促進する必要に迫られ、国庫の補助を可能にしたものでした。

岡山県立成徳学校が、全国の児童自立支援施設の多くが低迷する中、異彩を放っているという事実は、間違いなくこの施設の歴史が影響していると思います。岡山の施設について如実に感じるのは、ほかの県と違って、県行政全体がこの施設に誇りを持っており、しっかりと支えようとする姿勢が顕著に見えることです。それが歴史の重みというものだと思います。

――備作恵済会感化院は、その後、公立になったわけですね。どういういきさつがあったのでしょうか。

現在、児童自立支援施設は、歴史のある著名な北海道家庭学校と横浜家庭学園の二施設を例外として、ほか五六施設は、都道府県立、指定都市立あるいは国立となっています。この施設の創設は、地域のさまざまな事情を反映して、最初から公立で始まったところ、最初民間経営の代用感化院として始まり途中で公立に移行したところに分かれます。

公立化を決定づけたのが、一九三三〔昭和八〕年の少年教護法の誕生です。この法は感化法を全面的に改正したものです。そして、少年教護法、児童虐待防止法〔一九三三〔昭和八〕年〕、母子保護法〔一九三七〔昭和一二〕年〕の三つの戦前の法を下敷きにして、一九四七〔昭和二二）年に児童福祉法が誕生しました。

――そうなんですか。少年教護法が児童福祉法の下敷きになったというのは、具体的にはどういうことでしょうか。

少年教護法に、道府県が設置できる組織として「少年鑑別機関」というものが規定されました。これは、道府県の長が問題のある子どもを少年教護院に入所させるにしても、その子どもの性格や生活状態を科学的に明らかにした上で判断すべきであるということから設置されたものでした。法案づくりの段階では、義務設置としたかったようですが、戦時体制に向かう当時それは厳しかったようです。しかし、この法に基づいて、結構多くの道府県が「少年鑑別機関」を設置しています。これが児童福祉法では都道府県の設置する児童相談所になり、必置となったわけです。また、「少年教護法」の一時保護の規定が、児童福祉法上の一時保護につながり、児童相談所に一時保護機能を持たせることにもなりました。

少年教護法には、少年教護委員という地域内で問題のある子どもたちを発見し指導するような役職者を置くことを決め、全道府県の義務としました。これは学校長などが名前を貸しただけの形式的なものであったと、その内実を批判する研究者が多いですが、この制度が児童福祉法の児童委員につながったという意義は大きいのではないでしょうか。感化法による施設入所の規定だけでなく、施設処遇と在宅の子どもに対する社会内処遇とが相まって不良行為を防ぎ、改めさせることができるという考え方は、児童福祉法に引き継がれたと思います。

このように、私は、日本に児童福祉の歴史において、少年教護法は非常に意義のある法律であったと考えています。

――藤原さんは、その後、大阪府柏原市の武田塾を研究されていますが、この施設は、子どもの施設の歴史の中ではどういう位置づけになりますか。

大阪府立感化院修徳館の第二代目館長であった武田慎治郎が、一九二六（大正一五）年一一月に設立し、一九二七（昭和二）年二月に財団法人として認可を受けた、不良行為のある子どものための施設です。この施設設立のため、武田は退職金のほか私財をすべてつぎ込みました。

この施設で一番に預かるようになったのは、修徳館にいて自立できない一六歳の男子でした。しかし、その後、家財の持ち出し、浪費、放浪、盗みなどで親や親族から相談のあった比較的年齢の低い子どもを引き受けるようになっていきます。当時のお金で一か月一五円の謝金の支払いが必要であり、その結果比較的経済的に恵まれた家庭の子どもの引き受けが多くなります。

この施設は武田が、公立の大規模な感化院では果たせなかった、家庭的できめ細かい指導をしようと思って作った施設で、それはそれなりにうまく行ったと思います。ただ、それだけでは歴史的意義は小さいものでしょう。私は、たいへん小さな施設、武田塾の存在の大きさは、一つは感化法改正運動の中心的役割を担った武田慎治郎の施設であったということ、もう一つは非行の子どもの施設を中心に非常に活発な地域活動を展開したということにあると思います。

――一つずつお話ししてください。感化法改正運動とはどういう運動だったのでしょうか。

感化法改正運動の発端は、一九二二（大正一一）年の少年法成立にあります。一九〇七（明治四〇）年、刑法が近代的なものに改正され、その法により初めて、一四歳未満の者の刑事責任を問えないことになったのです。近代国家では、刑事責任を問うことができる年齢は明確に定められており、日本もやっとその仲間入りをしたのでした。その改正までの刑法では、何歳から刑事責任があるのかがあいまいで、刑法に抵触した子どもを監獄の一部である懲治場に収容していました。

感化院は、懲治場が犯罪者養成所のようになっているという批判から、悪いことをした子どもの教育・指導の場として誕生し、一九〇〇（明治三三）年には感化法も作られたわけです。

しかし、感化法ができた後も懲治場制度は残っていました。

一九〇七（明治四〇）年の刑法改正は非常に大きな改正で、刑罰の執行でない機能を監獄に持たせるのを止める、つまり懲治場を廃止することにしたのです。

したがって、刑法改正により、感化院が刑罰法令に抵触した（殺人も含みます）一四歳未満の子どもの唯一の受け皿になったのです。一九〇八（明治四一）年の感化法改正により、感化院の設立、運営の費用を国庫で半分まで負担をすることができるようになります。このような事情によって、一九一一（明治四四）年までに沖縄県を除く道府県に感化院が設置されました。

しかし、当時の地方財政が厳しかったのか、感化院のような施設に金を使うことに消極的だったのか、おそらく両方の事情からだと思いますが、設立された感化院の半数は民間経営で、代用感化院と呼ばれるものでした。現在のような社会福祉法人も、措置費の制度もない当時ですから、不安定な財政事情の下、不十分な処遇が行われる施設も多かったわけです。施設からの逃走、元感化院生による犯罪などもあったと思われます。次第に、司法省内部から刑事政策上の必要から、感化院と異なる触法の子どもの施設設置の必要が叫ばれるようになってきました。大きく影響したのは、非行少年の更生に成果を上げていたアメリカの一部の州の少年裁判所制度でした。

一九二二（大正一一）年、少年法が制定公布され、東京と大阪に少年審判所と矯正院が設置されます。このような少年法制定の動きに、感化法立法の立役者であった内務省官僚小河滋次郎が反対したのは有名な話です。しかし、この反対運動の影響に加え、当時新しい組織を次々と作るほど国家財政が豊かでなかったという事情もあり、少年法の全国施行までには二〇年の期間を要することになります。感化法が施行されていない地域では、触法の少年に対しては地方長官による感化院入院しか方法がなかったのです。

感化法改正運動は、少年法制定で不良児童対策の主導権を司法省、少年裁判所に奪われるという内務省、感化院関係者の危機感が、その発端となっています。しかし、戦時体制に突き進む中で、新たな財政出動を伴う可能性のある政策を訴え、実現させることは困難であり、感化院制度をもっと充実したものにしなければという声はあるものの、法改正までするという動きにはなかなかなりませんでした。

ことが本格的に動き出したのは、一九三一年の「日本感化教育会関西支部」設立以降ですが、実はこの組織は日本感化教育会の下部組織でなく、感化法改正運動のために結成されたものでした。省庁間の調和に気を配らざるを得ない内務省の息のかかった感化教育会では、法改正の機運を作り出せないという思いが、関係者に中にあったようです。

そして、その組織の中心メンバーが、大阪府立修徳館長熊野隆治、京都府棋陽学校長田中藤左衛門、兵庫県明石学園長池田千年と武田塾長武田慎治郎の四人（四人を総称して「三田一野会」という）であり、この四人は感化法改正運動の傑出した理論家であり、旗振り役でもありました。しかし、府県感化院長であったほかの三人に比べて武田は民間人であったため、その果たした役割には非常に大きなものがありました。

改正感化法は少年教護法という名称に改められます。この法案の内容を吟味する役割の中心人物は武田でした。しかし、この法案が内務省から提案されることはありませんでした。武田らは少年法案に反対の論陣を張った広島県選出の代議士荒川五郎らに少年教護法案の発議をお願いし、一九三二年一二月にやっとのことで上程されたのでした。当初、内務省の消極的な姿勢から成立困難と思われていたのですが、武田を先導役とする全国の感化院長、感化院職員の運動は大きく盛り上がり、一九三三年三月二五日、第六四回帝国議会の最終日にこの法案は貴族院で修正可決され、その修正法案が衆議院でも可決され、成立したのでした。

武田塾には、衆議院特別委員会で少年法と少年教護の違いを説明した資料（表）、全国各地の感化院関係者から寄せられたこの法案の成立を願う電報、葉書などが保存されています。私は、武田塾でそれを見せてもらったとき、大いに感激しました。少年教護法は、実践者たちの運動で実ったものであり、その証拠が武田塾にいっぱい残っているのですから。武田抜きにしてこの運動はなかったと言っていいでしょう。

――少年教護法はどのような法律でしたか。

日本の児童福祉の歴史にとって、少年教護法は非常に大きな意義を持つ法律であると考えています。感化法がこの法になって実現したことがいくつかあります。

第一は、感化院は名称を改め少年教護院になりましたが、法施行後五年以内に、道府県が最低一か所の道府県立施設を設置する義務を負ったことです。これは、一九四〇年の沖縄県への施設設置によって実現されました。

第二は、道府県の任意でありましたが、少年鑑別機関と一時保護の規定を設けたことです。一九四三年までに全国に二二の少年鑑別機関が設置されました。実は、これが一九四七年児童福祉法の児童相談所となったのです。児童相談所の制度が、占領軍によってアメリカから直輸入されたものでないことは、児童福祉の歴史において重要な事柄であると考えています。

第三は、道府県の義務として、少年教護委員という不良の子どものための地域内資源を設置したことです。少年教護委員は形式的な指名にとどまり、実質的ではなかったという研究者が多いですが、児童福祉法上の児童委員の制度へとつながった意義は大きいとと思います。

もう一つ、少年教護院長が小学校修了認定を行う制度を作りました。小学校修了認定のための文部省のしばりは結構厳しいものでしたが、一九四一年までに一五の少年教護院がその承認を得ています。戦時中の財政事情の厳しい中で、よくやったと言える数字ではないでしょうか。私が強調したいのは、この時期に少年教護法が成立していなければ、一九四七年の児童福祉法はもっと違ったものになっていたかもしれないということです。

――もう一つの武田塾の特徴である地域活動の展開とは、どんなものですか。

武田慎治郎は、修徳館からほど近い高井田の地に私塾「武田塾」を設立しました。その主たる事業として、県内外の家庭から持ち込まれる不良行為のある子どもの相談に乗り、必要な子どもについて塾で生活させ教育に取り組みました。担い手は、武田慎治郎と妻ヒサ、それから修徳館職員から引き抜いた伊藤きしの三人でした。伊藤は、国立感化院武蔵野学院に付設された感化救済事業職員養成所第一期生で、唯一の女性の修了生でした。武田夫妻は養子を亡くし子がいなかったため、後に伊藤は養女となり、武田塾の後継者となります。

武田は、主たる事業の傍ら地域貢献のための事業に力を入れました。一九二七（昭和五）年の「子供の会」を皮切りに、「貯金部（主婦会）」、「集会部」、「夜学部」、「図書部」、「（農繁期）保育部」、「（農事）講習会」、「娯楽部」を次々設立し、武田塾は地域の人々がさまざま集い、利用する場になります。

一九三二（昭和七）年には、大阪府の認可を得て施設内に私立小学校を設置します。その小学部には施設の子どもだけでなく、遠い通学路に不便を感じていた地元高井田の小学一年生の子たちも入学しました。感化院が設置した小学校に地元の子どもたちが入学したという事実に、私は驚きました。今よりも感化院に対する偏見というものが小さかったのでしょうか、それとも武田の人柄をよほど地元の人たちが信頼していたということでしょうか。

――その後、武田塾はどうなりましたか。

一九三三年に成立した少年教護法は、一九三四年一〇月一〇日から児童福祉法施行の一九四七年一二月三一日まで施行実施されますが、武田塾は少年教護法の認可施設とはならなかったのです。少年教護法産みの親とも言える武田の施設がその恩恵に預からなかったということです。その理由はさまざま考えられますが、法に縛られない純粋私立の小規模施設の可能性というものを武田は信じていたのだと思います。

しかし、一九三九年にヒサが、一九四〇年に慎治郎が次々と死亡しました。その後を引き継いだ養女きしには、大きな困難が降りかかることになります。戦時体制下での食料や物資の不足、それによる子どもたちの近隣での盗みの頻発などです。また、武田塾は地域住民を戦争に総動員するための場を提供する役割を果たさざるを得ない場面も多かったと思います。

敗戦後、武田塾はもっとたいへんな状況に見舞われます。社会の安全を脅かす戦災孤児たちの収容所となり、施設に入って来るが短期間で逃走していなくなることが繰り返されました。また、武田塾は児童福祉法施行により教護院になりますが、教護院は基本的に公立運営とするという政府の方針の下、大阪府から養護施設に種別変更するよう強い圧力がかかります。武田きしは、相当不本意であったようですが、一九五二（昭和二七）年四月一日、教護院から養護施設への種別変更申請を行いました。それをもって、感化院・教護院「武田塾」の歴史は終わりました。

――藤原さんの研究された子どもの施設の歴史から現在の社会的養護の担い手が学ぶことは、何だと思いますか。

お話しした歴史的事実の中で私の中で一番大きいのは、感化法改正運動ですね。そこで思うのは、子どもの養育に直接関わっている専門的実践者が、その制度について発言し、よりよい制度に変えるため行動しなければならないということです。

そもそも監獄の懲治場に収容された子どもたちを何とかしなければという思いから感化院、感化法が誕生したのでした。感化院の実践が専門的実践者を育て、彼らの感化院をよりよいものにしたいと思いから少年教護法が生み出されたのです。この活動に加わった人たちには純粋に子どもたちをより幸せにしたいという思いがあり、それが力の源になりました。

今の時代に起きていることはどうでしょうか。子どもの生活の場がどうあるべきかについて、大人同士が論争しているだけのように見えます。感化法、少年教護法時代の自己犠牲の精神を受け継ぐ必要はありませんが、当時の職員たちの子どもを中心に置いて考えるという姿勢は見習うべきだと思います。

また、歴史研究をしていると、歴史的事実は断絶しているようで実はつながっていると思うことが多いのです。敗戦後、日本社会の大転換の下で占領軍の指示や助言により誕生した児童福祉法も、少年教護法ほか日本に存在した法律が土台となっています。その少年教護法も、感化法と少年法との制度的葛藤から誕生したのです。歴史は時に飛躍するように見えますが、丹念に調べると、一つ一つの事実が綿々とつながっていることがわかります。

一九九七年の児童福祉法大改正、その後ほぼ毎年繰り返された児童福祉法改正、二〇一一年の「社会的養護の課題と将来像」、二〇一六年の児童福祉法の理念に関わる大改正、二〇一七年の「新しい社会的養育ビジョン」と、現在、社会的養護をめぐる制度が大きく変化しています。児童福祉が新しい歴史を歩みつつあるのです。今まで私たちが獲得してきたものが何であり、それを土台にこれから何を積み上げようとしているかを明確にしていくことが必要ではないでしょうか。

ペーパー③　社会的養護の歴史年表

年	社会的養護の施設	社会的養護をめぐる法制度
1868（明1） 〜	孤児院が少しずつ誕生	
1883（明16）	初の感化院池上感化院（大阪）その後、民間感化院が少しずつ誕生	
1887（明20）	石井十次の岡山孤児院	
1888（明21）	千輪性海の岡山感化院	
1899（明32）	留岡幸助の家庭学校（東京）	
1900（明33）		感化法
1903（明36）	初の県立感化院（神奈川県立薫育院）	
1908（明41）	大阪府立修徳館	
1908（明41）		感化法改正、国庫補助開始
1911（明44）	沖縄県を除く道府県に感化院	
1922（大11）	東京、大阪に少年審判所、矯正院	少年法、矯正院法
1926（大15）	私立感化院武田塾	
1929（昭4）		救護法（孤児院の子どもに公費）
1932（昭7）		＊感化法改正運動
1933（昭8）		少年教護法（感化法全面改正）
1933（昭8）		児童虐待防止法
1940（昭15）	全道府県に最低１つの感化院	
1945（昭20） 〜1950年代	戦災孤児のための施設が次々誕生	
1947（昭22）	武田塾が教護院に	児童福祉法
1952（昭27）	武田塾が養護施設に	

おわりに

小林英義

二〇一八年二月下旬から三月にかけての八日間、私は、子どもの権利条約総合研究所主催のスタディツアー「ポーランド・コルチャック訪問の旅」に研究仲間と共に参加する機会があった。周知のとおり、「子どもの権利条約の精神的な父」とユニセフ（国連児童基金）が称したヤヌシュ・コルチャック先生の足跡を訪ねるスタディツアーである。小児科医、作家、教育家であったコルチャック先生は、自らが施設長だった時、二〇〇人の孤児と共にトレブリンカ絶滅収容所に送られ、ナチス・ドイツによってガス室で虐殺される。

藤原が「はじめに」で書いているように、二〇一六（平成二八）年の児童福祉法改正では児童福祉法の理念にかかわる大改正が行われた。「子どもの権利条約」の理念が第一条（児童福祉の理念）に明文化され、「子どもの最善の利益」や「子どもの意見表明権」に基づく支援をすることが、改めて求められるようになった。このことの確認がまず必要である。

本書は、研究仲間である藤原との企画構想から実に五年の月日を経て刊行されることになった。章の扉に写真を掲載したように、岡山県立成徳学校の前庭で穏やかに語る叶原土筆先生の語り口が今も心に残る。心地よい風に当たりながら語る、良い表情が写る。また冬の時期、石油ストーブで暖を取りながら聖徳太子ゆかりの達磨寺（奈良県王寺町）で熱く半生を語った平井光治先生の穏やかな表情が写る。

お二人の教護院への思い、今なお燃やし続ける社会的養護への熱意をご健在のうちに記しまとめ、後輩への伝承にしたいという大きな計画の下、進めてきたのが今回の刊行である。それが、お二人の足跡を十全に著すものになったのか、いささか心もとないところもあるのだが、学びの場にいる多くの仲間に手にしてほしい著書である。

まず、叶原先生の実践に注目したい。休日になると、寮の子たちと川や海に釣りによく出かけている。大型免許を取得して、寮の子たちと楽しむ術を忘れない。常に、子どもと共に遊び、運動する。寮舎運営のだいご味を見ることができる。施設長に就任してからも、それは継続される。そして、寮舎生活の中で何よりも大切にしたのは、食生活だった。女子寮では夕食作りも寮独自で行った。食事作りを通して見えないものが見えてくる。勤務を越えての教護実践である。

長い間の寮舎運営の経験では、悲しい出来事にも出合う。施設長の時、無断外出で施設を抜け出した子どもがオートバイを乗り回し、自動車と接触事故を起こして命を落とす。悲しい出来事ではあったが、これにより県当局から職員の休暇をはじめとする労働条件について再考のきっかけを得て、職員の休日確保のための寮体制を整備することになった。このことを叶原先生は「決まり決まったことを当たり前に行う仕事をしていたのでは人は振り返ってくれない。普通以上に難儀や苦労をしてやることによって、人は振り向いてくれる」と語っている。本来なら責任追及の場になるところを、そうならないため施設整備、体制整備に力を注ぐことの原動力が施設本体にあったということだと思う。施設運営では厳しい局面も多々経験する。同時に、楽しい行事を作り出して生活を楽しむことに実践上のヒントがある。

加えて、職員間の不仲は施設運営に深い影を落とすとして、人間関係の調和に心を注いだ。特に、夫婦制における女子職員間の関係性の構築を力説している。叶原先生は「夫婦職員同士、長く付き合っていたのに、いつの間にか不仲になってしまった。その結果、嫌気が差すようになった。そんなことから夫婦制が崩れていったという施設もある」と指摘する。心に響く指摘である。

叶原先生の後任として、全国教護院協議会（全教協）の会長を引き継いだのは、当時大阪府立修徳学院院長だった平井光治先生である。平井先生の語りをこの五年間に数回お聞きする機会があり、寮長時代から院長時代、そして県職員を退職してなお社会的養護（里親）の場面でご自身の理念を展開される芯の強さを体感させていただいた。淡々と語る教護院での足跡は実に重い展開にもかかわらず、ご自身の足跡を一つ一つ丁寧に語る真摯《しんし》な態度に改めて驚かされた。それは、毎朝のマラソン（五キロ）による体力維持と、月々の達磨寺での座禅を通してご自身の心身共の健康維持に現れている。座禅によって「寮の子どもたちに気分や感情で対応してしまう自分の未熟さを見つめ直すことができた」と回顧していることからも、家族共々、寮舎に住み込み生活を営むときの姿勢、心意気を感じる。社会的養護を継承する若い諸君にぜひ学んでほしいところである。

大阪府立修徳学院は、先達の知恵や理念で新しい試みを教護界で実現している。分類収容の導入、入所児対応の観察寮の設置、心理職の採用、判定会の実施など、「科学的処遇」を採り入れている。それは、平井先生の「外の空気を取り入れる」という理念にもつながっている。また、施設からの発信にも見て取れる。それは、「非行問題研究会」の創設、『教護院ハンドブック』の改訂をはじめ、外部への発信の大切さを提起している。ともすれば施設運営は内向きになりがちだが、外へ向けての発信を心掛け、同時に内なる指導の見直し、改善につながる勇気ある志向だったと推測される。

後年、児童養護施設の施設長の時には、教護院と児童養護施設の役割分担、連携についてもご自身の意見を多数執筆、発言されている。ぜひ、社会的養護の後継者に学んでほしいところである。

お二人の教護院時代には、当時の面影が色濃く反映されている。叶原先生は、休日になると子どもたちを海や川に連れ出し、大きな社会体験を共有している。仕事ではなく、生活の共有である。平井先生は、新任の寮長時代、当時の施設長が酒を酌み交わしながら寮舎運営の様子を把握することに触れている。何気ない、管理職の励まし、アドバイスは大いに勇気づけられたことと推察するし、教護職員同士の開襟での職務上の指導になっている。今で言えば、これも立派なスーパービジョン（SV）である。教育的機能、管理的機能によって後継育成の良き時代の姿に映る。

私が地方の教護院で寮舎を担当したのは、一九八五年から一五年間である。私がこの施設を好きな理由の一つに職員の熱い思いがある。その昔、後輩の結婚式の帰り道、大きな引き出物を抱えながら二次会、三次会に繰り出し、当時、寮舎担当の会議で議論になっていた「一時帰宅」の有資格について口角泡を飛ばしながら議論する熱い雰囲気があった。私も、先輩寮長に支えていただきながら、自身の子育てに当たりながら施設での住み込み生活を送っていた当時、幼い三人の子たちは、寮の子たちと交流しながら生活を送っていた。一緒にプールに入ったり、グラウンドでサッカーに興じたり、誕生会では寮の子たちと会食する機会を多々持っていた。勤務を越えて、生活の共有がそこにはあった。夫婦制と言われる営みがあった。それは、叶原先生や平井先生の記述にも確認することができる。

かつて、施設児童の出身学校の先生方が施設に来訪され、懇談会の席上、ある先生がこんな発言をされたことが記憶に残っている。「二四時間勤務は大変でしょう」という問いかけに、隣席の先輩寮長が「二四時間勤務ではありません。二四時間生活……」と静かに語ったのを思い出す。

当時の施設では、元旦の挨拶を終えると、職員は園長室でおとそをいただき、年賀の挨拶を交わした。年末年始は一時帰宅があったので合同寮の形式を取り、職員の休暇確保にも充てていたが、一般的に施設に残る子どもの数も少なく、のんびりした雰囲気の中で新年を迎え、過ごしていた。園長室での一時間程度の歓談のあとは、場所を寮舎（休暇中）に移し、こたつに入りながら職員で歓談の時を過ごすことが通例だった。勤務中の寮長も、寮母に一時的に子どもの対応をお願いし、集っていた。適度の量での飲食を済ませ、懇親の機会だった。当時は、子どもが就寝した後に時には寮職員の家族舎を訪問し、子どもの指導上のことを中心に、社会上の話題について熱く語り合う機会があった。そのような歓談の場を通して、私の新任時代も先輩寮長から指導上のコツや心構えを学んできた。時には深夜の一時、二時になることもあったが、翌朝は朝マラソンの対応で朝六時半には寮の子らの前に立っていた。

一昔前には、こういう雰囲気で施設が回っていたのだと思う。施設の中でも行事や児童の消灯後、懇親の機会があった。これが潤滑油になっていた。いつの頃からか、職員の子どもをプールに入れてはいけない、寮の誕生会に参加をさせてはいけない……、ということが労務管理とともに出てきた。世知辛い世の中になってきた。いつからか、施設の自治が奪われ、そういうのがご法度になった。自分の家族を含めて、施設に住み込むことを「夫婦制」と言うが、現在は三〇％を切ってしまった。先に挙げた、お二人の先達の言葉からも、労働条件の管理の難しさを痛感する。ここは避けて通れない部分だろうと思う。ぜひ議論してほしい。

藤原は第5章で「岡山の施設について如実に感じるのは、ほかの県と違って、県行政全体がこの施設に誇りを持っており、しっかりと支えようとする姿勢が顕著に見えることです」と記述している。この施設の理念を、お二人の足跡から改めて確認したいと思う。

最後に、「社会的養育の推進に向けて」(厚生労働省、平成二九年一二月)について触れておきたい。厚生労働省は、二〇一七年八月、「家庭で育てるのが難しい子どもは、児童養護施設などの施設ではなく、家庭環境に近い特別養子縁組や里親への委託を優先する新目標を決めた。具体的には三歳未満は五年以内に、三歳から就学前は七年以内に里親とファミリーホームへの委託率を七五%にするとした」(朝日新聞、二〇一八年一月二〇日)。

二〇一六年度末現在、里親委託率は一八・三%にとどまる。この現状から「目標値が高すぎて現場が混乱する」と全国児童相談所長会や全国児童養護施設協議会などが反発している。目標値の高さと併せ、わが子を育てるのも困難な時代に、人様の子どもを育てる難しさも多々ある。成果主義で数字を設定することの愚かさもある。一方、施設養護を性悪説と捉えることの間違いも、有識者からは指摘されている。多様な人格をもった、多くの職員が入所児と触れ合うことによって作り出す、施設養護の実践を門前で否定する対応はいかがなものだろうか。施設養護の集団生活の中で救われている児童もまたいることを提起しなければならない。

本書が、これからの社会的養護の展望を考える上で、貴重な資料となれば幸いである。

二〇一九年八月

◉本書のテクストデータを提供いたします

本書をご購入いただいた方のうち、視覚障害、肢体不自由などの理由で書字へのアクセスが困難な方に本書のテクストデータを提供いたします。希望される方は、以下の方法にしたがってお申し込みください。

◎データの提供形式：CD-R、フロッピーディスク、メールによるファイル添付（メールアドレスをお知らせください）

◎データの提供形式・お名前・ご住所を明記した用紙、返信用封筒、下の引換券（コピー不可）および200円切手（メールによるファイル添付をご希望の場合不要）を同封のうえ弊社までお送りください。

◉本書内容の複製は点訳・音訳データなど視覚障害の方のための利用に限り認めます。内容の改変や流用、転載、その他営利を目的とした利用はお断りします。

◎あて先：
〒160-0008
東京都新宿区四谷三栄町6-5 木原ビル303
生活書院編集部　テクストデータ係

キリトリ線

【引換券】

過去から未来に語りかける
社会的養護

著者略歴

藤原正範（ふじわら・まさのり）

1954 年生まれ。

1977 年、岡山大学教育学部卒業。2008 年、日本福祉大学大学院社会福祉学研究所博士後期課程修了、博士（社会福祉学）。1977 年～ 2005 年、岡山家庭裁判所、神戸家庭裁判所にて家庭裁判所調査官。現在、鈴鹿医療科学大学保健衛生学部教授。社会福祉士。

主な著書に、

『少年事件に取り組む――家裁調査官の現場から』(岩波新書、2006 年)、『被害者のこころ加害者のこころ――子どもをめぐる 30 のストーリー』（明石書店、2010 年）など。

小林英義（こばやし・ひでよし）

1951 年生まれ。

1974 年、上智大学文学部卒業。1998 年、東洋大学大学院博士前期課程修了、修士（社会福祉学）。1985 年～ 2000 年、児童自立支援施設（旧教護院）において夫婦で寮舎を担当。会津大学短期大学部教授、秋田大学教育文化学部教授を経て、2009 年～ 2017 年、東洋大学ライフデザイン学部教授。社会福祉士。

主な著書に、

『愛と哀しみの少年たち――教護院・ある夫婦寮の記録』（教育史料出版会、1992 年）、『もうひとつの学校――児童自立支援施設の子どもたちと教育保障』（生活書院、2013 年）など。

過去から未来に語りかける社会的養護
――叶原土筆、平井光治の思索と実践に学ぶ

発　行――――二〇一九年八月二五日　初版第一刷発行
著　者――――藤原正範・小林英義
発行者――――髙橋　淳
発行所――――株式会社　生活書院
〒一六〇―〇〇〇八
東京都新宿区四谷三栄町六―五　木原ビル三〇三
TEL　〇三―三二二六―一二〇三
FAX　〇三―三二二六―一二〇四
振替　〇〇一七〇―〇―六四九七六六
http://www.seikatsushoin.com

印刷・製本――株式会社シナノ

Printed in Japan

ISBN 978-4-86500-102-0

定価はカバーに表示してあります。
乱丁・落丁本はお取り替えいたします。